Jo-Jo

AF205090

Sprachbuch 4

Arbeitsheft

Erarbeitet von

Frido Brunold
Sandra Meeh
Henriette Naumann-Harms
Rita Stanzel

Fachliche Beratung
zur Silbenstrategie,
zum Verlängern, zum Ableiten
und zu Merkwörtern

Günter J. Renk

Cornelsen

Jo-Jo

Sprachbuch **4**

Arbeitsheft

Erarbeitet von	Frido Brunold, Sandra Meeh, Henriette Naumann-Harms, Rita Stanzel
Redaktion	Elisabeth Wagner, Cornelia Ostberg
Redaktionelle Mitarbeit	Susanne Main
Illustrationen	Ulf K.
Umschlagillustration	Sylvia Graupner
Gesamtgestaltung und technische Umsetzung	Heike Börner

Text- und Bildquellen:

S. 50 Neuschwanstein © Joel Carillet/iStockphoto.com, Eiffelturm © CHANCE-UP-MANAGER/Fotolia.com, Burj Khalifa © The Photos/Fotolia.com; S. 51 Freiheitsstatue © Amy Harris/iStockphoto.com; S. 61 Beduinen, Mimikry (Auszug, gekürzt). Aus: Frey, Jürgen, Rex, Dieter: Das neue farbige Jugendlexikon. Gütersloh, Deutscher Bücherbund, Falken Verlag 1990/91, Beduinen, Mimikry (Auszug, gekürzt). Aus: Das neue Fischerlexikon in Farbe. Frankfurt am Main, Fischer Taschenbuch Verlag 1981; S. 64 Lepmann, Jella: Der getäuschte Riese (Auszug, gekürzt). Aus: Ich sammle Wörter. Ein Elternbuch zum Vorlesen. Hg.: Heinz Rolf Luchert. Köln, Middelhauve-Verlag 1969; S. 72 Fährmann, Willi: Der überaus starke Willibald (Auszug, gekürzt). Würzburg, Arena Verlag GmbH 1993; S. 83 Vierbeiniges Schultaxi, Schneller als ein Auto (Auszüge, gekürzt). Aus: Geolino Nr. 9, September 2004. Hamburg, Gruner + Jahr AG & Co KG.

www.cornelsen.de

Die Webseiten Dritter, deren Internetadressen in diesem Lehrwerk angegeben sind, wurden vor Drucklegung sorgfältig geprüft. Der Verlag übernimmt keine Gewähr für die Aktualität und den Inhalt dieser Seiten oder solcher, die mit ihnen verlinkt sind.

Druck und Bindung: ppm Fulda GmbH & Co. KG, Fulda

1. Auflage, 14. Druck 2023
Arbeitsheft 4
ISBN 978-3-06-082609-4

1. Auflage, 6. Druck 2021
Arbeitsheft 4 mit CD-ROM
ISBN 978-3-06-082610-0

PEFC-zertifiziert
Dieses Produkt stammt aus nachhaltig bewirtschafteten Wäldern, Recycling und kontrollierten Quellen
PEFC/04-31-1308   www.pefc.de

Inhalt

Verlängern: Doppelkonsonant am Wortende

1 Suche alle Wörter auf dem Bild. Schreibe die richtige Anzahl
mit dem passenden Nomen auf. Setze Silbenbögen.

Bett • Schiff • Ball • Fass • Fluss • Nuss • Kamm • Herr • Blatt • Griff • Unfall

4 Betten, _____

_____

_____

2 Setze passende Wörter aus Aufgabe 1 ein.

Beim Fußballspielen traf der _Ball_ eine Mülltonne.

Sie rollte auf die Straße und verursachte einen _____.

Wir fuhren mit einem _____ den _____ hinunter.

Abends waren wir müde und gingen früh ins _____.

Im Sachunterricht zeigte _____ Müller uns das Blatt

und eine _____ von einem Walnussbaum.

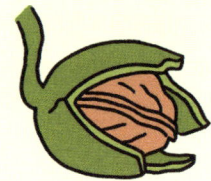

3 Finde Reimwortpaare. Schreibe sie ohne Verlängerung auf. Markiere den Doppelmitlaut in beiden Wörtern.

schneller satter krummer toller netter

stiller platter fetter blasser schriller matter

dümmer heller voller glatter nasser

schnell – hell,

_____

_____

4 Wähle passende Adjektive aus Aufgabe 3. Schreibe Sätze mit **nicht so wie**.

Pferd • Auto   Gurke • Banane   Gummibärchen • Müsli   Glas • Krug

Mond • Sonne   Tag • Nacht   Klingel • Sirene   Schnee • Eis

Ein Pferd ist nicht so schnell wie ein Auto.

_____

_____

_____

_____

_____

_____

_____

1 In dem Gitter sind acht Nomen waagerecht und sechs senkrecht versteckt. Kreise sie ein.

B	A	L	L	S	P	I	E	L	Q	I	P	Ü	F	S	G	N
E	Z	B	G	M	C	M	A	N	N	S	C	H	A	F	T	U
T	S	R	Y	W	L	B	O	T	N	R	S	E	L	E	P	S
T	T	E	Ö	P	M	I	T	T	W	O	C	H	L	R	I	S
W	E	T	L	K	U	S	S	H	A	N	D	Y	S	I	F	K
Ä	L	T	J	A	I	S	O	N	N	T	A	G	C	Ü	V	N
S	L	S	H	F	T	B	R	F	Ä	I	P	C	H	U	P	A
C	P	P	S	C	H	U	S	S	F	E	L	D	I	T	Ö	C
H	L	I	O	I	Z	D	K	C	D	W	Y	R	R	L	M	K
E	A	E	R	E	A	E	O	F	V	E	J	E	M	U	E	E
X	T	L	S	C	H	L	U	S	S	S	T	R	I	C	H	R
Ü	Z	Q	C	Q	U	E	L	L	W	A	S	S	E	R	Z	L

2 Setze Silbenbögen unter die Wörter.
Schreibe das passende Wort aus dem Wortgitter dahinter.

Bälle   – *Ballspiel* _____

Betten   – _____

Imbisse   – _____

Schlüsse   – _____

Fälle   – _____

Stelle   – _____

Quelle   – _____

Sonne   – _____

Schüsse   – _____

Küsse   – _____

Männer   – _____

Mitte   – _____

Nüsse   – _____

Bretter   – _____

3 Setze Silbenbögen unter die Verben.
Bilde zusammengesetzte Nomen mit den Wörtern aus den Sternen.
Markiere die doppelten Mitlaute.

schwimmen	rollen	rennen
brummen	essen	stellen
stimmen	passen	treffen

Auto · Bär · Bad · Bahn · Bild · Gabel · Papier · Platz · Punkt

Schwimmbad, _____

_____

_____

4 Finde zu den Wörtern die Verlängerungen. Schreibe das Wortpaar auf.
Markiere die Doppelkonsonanten in beiden Wörtern.

Schwimmring   Schlussstrich   Rennwagen   Nusskuchen

Wettkampf   Kipplaster   Kennzeichen   Fressnapf   Unfallort

schwimmen – Schwimmring _____

_____

_____

_____

_____

_____

_____

Verlängern: ck und tz am Wortende

1 Setze die Wörter in die Mehrzahl und
ordne die Mehrzahlwörter nach der Silbenzahl.

Nichtsnutz   Großeinsatz   Bauklotz   Ankerplatz   Aussagesatz

Rehkitz   Grundgesetz   Aufsatz   Piratenschatz   Lehrerwitz

3 Silben: *Nichtsnutze,* _____

_____

4 Silben: _____

_____

5 Silben: _____

2 Markiere jede Wortfamilie in einer eigenen Farbe.
Schreibe dann die Wörter geordnet auf.

Stecker   Stückchen   Päckchen   Ausblick

rücken   Gepäck   verrückt   blicken

packen   Augenblick   Stücke   Verdeck   schlucken

decken   Ruck   Besteck   Schluck

Schluckauf   Frühstück   Tischdecke   Stecknadel

Stecker – Besteck – Stecknadel _____

_____

_____

_____

_____

Richtig schreiben

3 Setze die Wörter in der Einzahl in die Lücken ein.

Säcke • Flecke • Stöcke • Einsätze • Blitze
Startplätze • Sätze • Schlucke • Stöcke • Glück

Auf die Plätze, fertig, …

Tina stellt sich auf ihren _Startplatz_. Da kommt das Signal.

Wie der _____ rennt Tina los. Beim Wechsel wartet Simone auf

ihren _____ und rührt sich nicht vom _____.

Tina übergibt ihr den _____. Sofort rennt

Simone mit einem großen _____ weiter.

Am Schluss wirft sie den _____ in einen _____.

Dann trinkt sie einen _____ Wasser.

Sie haben gewonnen und strahlen vor _____.

4 Markiere in den Nomen **tz** und **ck**. Finde passende Verlängerungen.

Lackschaden   Einsatzwagen   Schatztruhe   Wanderstock
Versteckspiel   Sackhüpfen   Minirock   Satzzeichen
Parkplatz   Buchdruck   Schreibblock   Blitzlicht

lackieren – Lackschaden, _____

_____

_____

_____

_____

_____

Verlängern: silbentrennendes h

1 Verbinde die passenden Wortpaare.
Zeichne Silbenbögen unter die verlängerten Wörter.

Frühe	ruht	Zehen	dreht
ruhen	Frühstück	drehen	mühsam
gehen	reiht	Mühe	muht
Schuhe	geht	ziehen	nah
reihen	sieht	muhen	zieht
Kühe	Schuh	glühen	Zeh
sehen	Kuh	Nähe	glüht

2 Setze passende Wörter aus Aufgabe 1 in den Lückentext ein.

Nach dem _Frühstück_ _____ meine Schwester mit

mir ins Maislabyrinth. Auf dem Weg _____ sich ein Pferd

in der Sonne aus. Eine _____ im Stall _____.

Im Labyrinth _____ sich eine Maispflanze dicht an

die andere. Man kommt nur _____ voran.

Plötzlich stößt sich meine Schwester ihren großen _____

an einem Stein. Sie _____ schnell ihren _____

aus und schaut nach, was passiert ist. Sie _____

sich zu mir um und sagt: „Alles in Ordnung."

Wir sind erleichtert, als wir in der Ferne bunte

Sonnenschirme erkennen. Jetzt sind wir ganz _____ am Ziel.

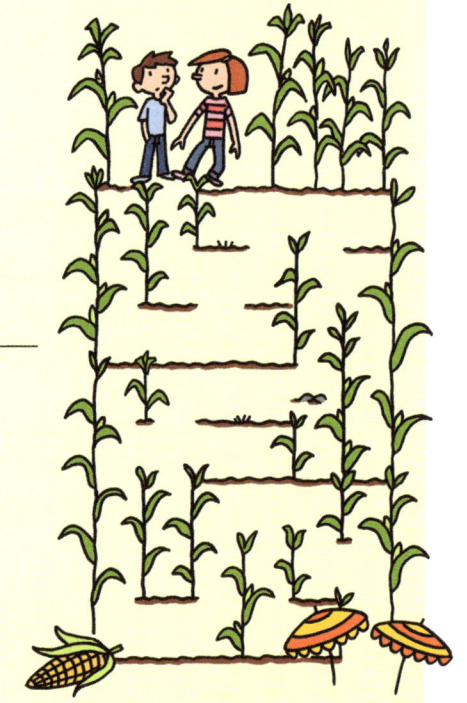

Richtig schreiben

3 Immer drei Wörter passen zusammen. Schreibe sie auf.
Markiere das **h**.

glühen	Schuhladen	Nähmaschine
Schuhe	Glühdraht	Kuhstall
stehen	Nähfaden	Glühbirne
nähen	Stehtisch	Kuhmilch
früher	Stehlampe	Frühling
Kühe	Schuhregal	Frühstück

glühen, Glühdraht, _____

_____

_____

_____

_____

_____

4 Schreibe die Verben in allen Personalformen auf.

Personalformen	stehen	gehen	nähen
ich	*stehe*		
du			
er, sie, es			
wir			
ihr			
sie			

Ableiten: Wörter mit ä und äu

1 Setze a oder ä und au oder äu ein.

gl_ä_nzen   gl____tt   h____sslich   gel____fig

h____ssen   tr____men   aufr____men   sch____rf

r____mlich   sch____rfen   sch____men   gl____tten

der L____f   gl____nzend   l____fen

die Gl____tte   der Gl____nz   der Tr____m

der H____ss   die Sch____rfe   der Sch____m

der R____m   gef____hrden   tr____mhaft

gef____hrlich   sch____mig   die Gef____hr

2 Immer drei Wörter gehören zusammen. Ordne sie in die Tabelle ein. Unterstreiche den Wortstamm.

Nomen	Verben	Adjektive
der Glanz	glänzen	glänzend

3 Suche die Ableitung zu den Wörtern. Schreibe die Wortpaare auf.
Alle anderen Wörter schreibst du als Einzelwörter mit **e/eu**.

●lter	h●te	H●ser	Schl●che	Eink●fe	F●ld
H●rd	●ngel	Erkl●rung	L●te	sich fr●en	l●stig
H●nde	●hrlich	F●erwehr	M●nner	vers●mt	B●rg

a/ä: *alt – älter,* _____

_____

au/äu: _____

_____

e: _____

eu: _____

4 Setze die passenden Buchstaben ein. Denke an ⚡.

H_eu_te Morgen wurde die F_____erwehr zu einem der _____lteren

Reihenh_____ser in der Rosenstraße gerufen. Aus einem Fenster drang

dichter Rauch. „Die machen gerade Eink_____fe!", erkl_____rte eine Nachbarin.

Die Feuerwehrmänner spritzten schn_____ll mit den Schl_____chen in das Fenster.

Zwei M_____nner mit Atemmasken durchsuchten das Geb_____de.

Als sie zurückkamen, hielten sie zwei verkohlte Töpfe in den H_____nden.

Die L_____te hatten vers_____mt, den H_____rd abzuschalten.

„Zum Glück hatten sie einen Schutz_____ngel, der die Feuerwehr

alarmierte", meinte die Nachbarin und fr_____te sich.

Kleine Merkwörter

1 Schreibe zu jedem Bild den passenden Satz.
Kontrolliere, ob du die farbigen Wörter richtig geschrieben hast.

Ich gehe gerne zu meinem Freund, denn
bei ihm darf ich aufs Baumhaus klettern.

Jetzt esse ich
ein großes Eis mit Sahne.

Endlich darf ich, ohne zu fragen,
am Abend etwas länger aufbleiben.

Wenn Ferien sind, reisen wir
irgendwohin, wo es warm ist.

Ohne Angst springe ich
vom 5-Meter-Brett.

Endlich gehe ich mit meiner Freundin
allein ins Kino.

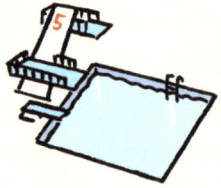

Ohne Angst springe ich _____

_____

_____

_____

_____

_____

_____

_____

_____

_____

_____

_____

Richtig schreiben

2 Lies die Sätze mit beiden Möglichkeiten. Streiche das falsche Wort durch und schreibe das richtige Wort in die Lücke.

<u>Wenn</u> ich diese Strecke schwimmen kann, bekomme ich mein Abzeichen.
~~Dann~~/Wenn

_____ halten wir an, weil ich auf die Toilette muss.
Jetzt/Zu Hause

Ich schaue gerne Fußball im Fernsehen an, _____ ich bin ein Fußballfan.
dann/denn

_____ mein Lieblingskissen möchte ich nicht einschlafen.
Ohne/Mit

_____ Jahr gehe ich in die fünfte Klasse.
Letztes/Nächstes

Ich finde Ferien toll, _____ wir nicht wegfahren.
obwohl/irgendwann

3 Setze die Wörter in die Lücken ein.

ungefähr • bald • später • ohne • nächstes
sodass • plötzlich • obwohl • letztes • unterwegs

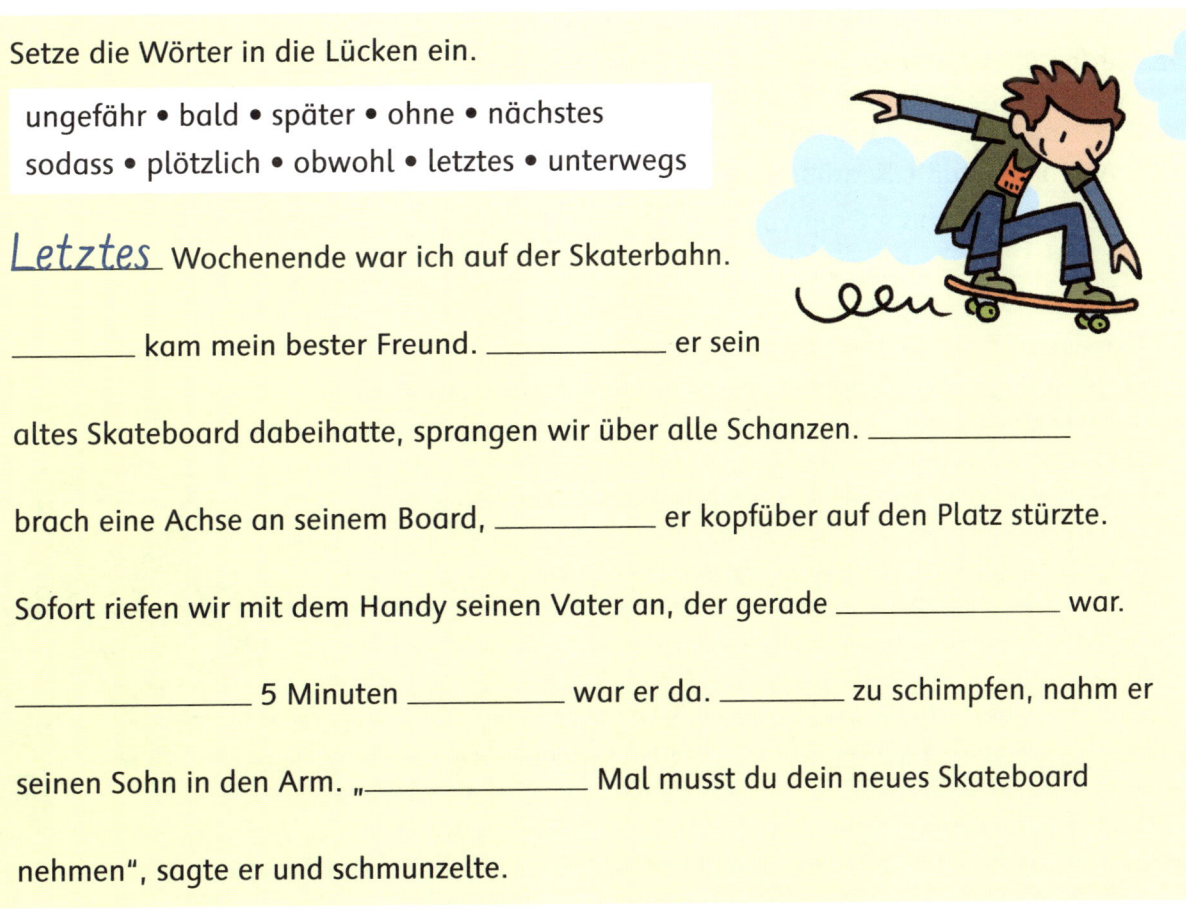

<u>Letztes</u> Wochenende war ich auf der Skaterbahn.

_____ kam mein bester Freund. _____ er sein

altes Skateboard dabeihatte, sprangen wir über alle Schanzen. _____

brach eine Achse an seinem Board, _____ er kopfüber auf den Platz stürzte.

Sofort riefen wir mit dem Handy seinen Vater an, der gerade _____ war.

_____ 5 Minuten _____ war er da. _____ zu schimpfen, nahm er

seinen Sohn in den Arm. „_____ Mal musst du dein neues Skateboard

nehmen", sagte er und schmunzelte.

Merkwörter mit ß (M)

1 Schreibe, wie die Kinder heißen.

Der Junge mit den blonden Locken _heißt Fabian._

an bi Fa

Das Mädchen mit der Brille _____

Der Junge mit dem roten Pulli _____

Der Junge mit dem Fußball _____

mo Si ne

Das Mädchen mit den Zöpfen _____

Das Mädchen mit dem Roller _____

Ich _____

To as bi

te lot Char

Jo na han

mi nik Do

2 Ordne die Wörter in die Tabelle.
Male in jedem Wort ß an.

Anstoß • Gruß • Begrüßung • umstoßen • grüßen • verstoßen
begrüßen • Stoß • Grußworte • Stoßstange • wegstoßen • Grußkarte

stoß	gruß
Anstoß	

Richtig schreiben

3 Schreibe die Verben in allen Personalformen auf.

Personalformen	schießen	grüßen	gießen
ich	*schieße*		
du			
er, sie, es			
wir			
ihr			
sie			

4 Setze die Wörter mit ß richtig ein.

Fußballplatz • schießt • Strafstoß • Grußworte
schließlich • großes • stößt • Anstoß • heißt • weißen

Auf dem Fußballplatz findet heute ein _____

Fest statt. Alle Kinder der Schule sind dazu eingeladen. Die Schulleiterin,

sie _____ Frau Müller, spricht die _____ und

schon geht es los. Die Viertklässler in den _____ Trikots

spielen gegen die Drittklässler in den roten Trikots und

haben _____. Basti _____ den Ball

in den gegnerischen Strafraum. Tina rennt schnell in Richtung Tor

und _____ ihn dabei um. Deshalb gibt es einen _____.

_____ gewinnen die Drittklässler das Spiel 1 : 0.

Wortfamilien (M)

1 Ordne die Wörter richtig in die Tabelle ein.
Unterstreiche den Wortstamm.

wachsen wechselhaft herumkurven nehmen ausleeren

haarig Zahl sich sehnen fehlerlos wachsweich

Fehlpass paarweise angenehm Leergut bezahlen

auswechseln Wechselgeld zahllos Teilnehmer kurvig

Sehnsucht Behaarung Paarung Wachsfigur leer

Kurve paaren haaren verfehlen sehnlichst

Nomen	Verben	Adjektive
Wachsfigur		

2 Finde Wörter mit den Wortstämmen **rühr** und **kühl**.

rühr: _____

_____

_____

_____

kühl: _____

_____

_____

_____

3 Setze passende Wörter aus der Wortfamilie **ernähren**
in die Sätze ein.

Mein Onkel studiert *Ernährungswissenschaft* .

Ab sofort will ich mich gesund _____.

Ein Baby braucht spezielle _____.

Vögel verbringen viel Zeit mit _____.

Unsere _____ hat Einfluss auf die Gesundheit.

Vollkornbrot ist sehr, sehr _____.

Obst und Gemüse enthalten wichtige _____.

Gesunde _____ kann man im Bioladen kaufen.

NATUR GRÜN
der Bio
Laden

Strategien anwenden 1 ⟳ ⚡

1 Entscheide: Verlängern oder Ableiten?
Setze über die neun Ableitungswörter das passende Zeichen.
Setze über die neun Verlängerungswörter das passende Zeichen.

⟳	○	○	○	○	○	○	○	○
wild	Mäuse	Gläser	klug	Räuber	blind	spannend	fährt	fremd

○	○	○	○	○	○	○	○	○
hält	Häuser	giftig	rund	Äpfel	dreckig	schläft	Räume	billig

2 Schreibe die ⚡-Wörter mit einer Ableitung auf.

Maus – Mäuse, _____

_____

_____

3 Finde zu den ⟳-Wörtern das passende Nomen.

Land   Buch   Schuhe   Schlange   Maulwurf   T-Shirt   Form   Mädchen   Tier

das wilde Tier _____

_____

_____

_____

_____

_____

_____

_____

4 Setze die Verlängerungen und Ableitungen in die passende Form und schreibe sie an die richtige Stelle im Text.

> Bäuche • Sitze • Züge • Plätze • benutzen • Gärten • Körbe
> gelbe • Hunde • Äpfel • Freunde • Apfelschnitze • Hände

Gestern war ich mit meiner Mutter und meinem _Freund_

im _____ unterwegs. Mein _____ war am Fenster.

In unserem Abteil saß eine alte Frau mit ihrem _____.

Er _____ den _____ neben ihr. In ihrem _____

hatte sie einen leckeren _____, der auf der einen Seite rot und

auf der anderen Seite _____ war. „Der ist aus meinem _____",

sagte sie ganz stolz. Da knurrte mein _____ laut. Alle mussten lachen.

Die alte Frau teilte den Apfel, gab uns allen einen _____

in die _____ und wir durften ihn essen.

5 Finde die passende Ableitung oder Verlängerung.
Manchmal brauchst du beides.

prächtig – _____

sie legt – _____

fraglich – _____

gefällig – _____

täglich – _____

mächtig – _____

witzig – _____

Strategien anwenden 2

1 Für jede Wortgruppe brauchst du eine Strategie.
Schreibe in jedes Kästchen das passende Zeichen.

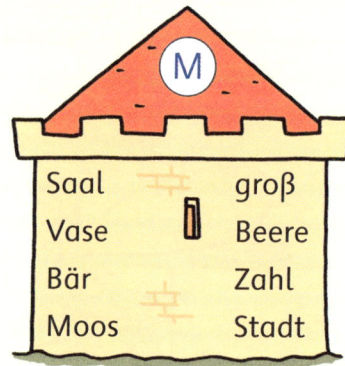

Saal   groß
Vase   Beere
Bär   Zahl
Moos   Stadt

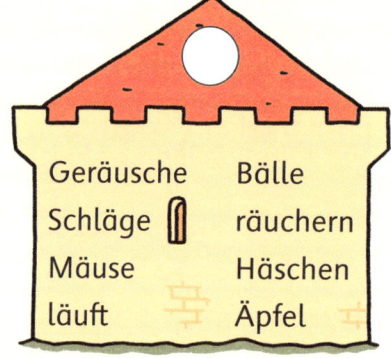

Geräusche   Bälle
Schläge   räuchern
Mäuse   Häschen
läuft   Äpfel

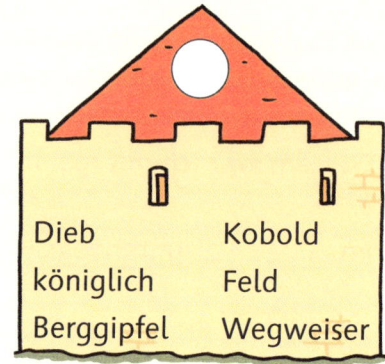

Dieb   Kobold
königlich   Feld
Berggipfel   Wegweiser

2 Leite die ⚡-Wörter aus Aufgabe 1 ab.
Schreibe die Wortpaare.

Geräusche – rauschen,

3 Verlängere die ↻-Wörtern aus Aufgabe 1.
Schreibe die Wortpaare.

Dieb – Diebe,

4 Schreibe die Ⓜ-Wörter aus Aufgabe 1 ab.
Markiere die Merkstelle.

Saal,

5 Ordne die Wörter den richtigen Strategien in der Tabelle zu.

Sandschaufel • Rastplätze • Haar • Handtücher • Einkaufskorb • Käufer
vielleicht • nirgends • Plätze • Idee • Läuferin • Kräuter • heißen • blond
Vater • hängt • Hemdknopf • Montag • Lehrer • Glockenläuten • Buntstifte

(↪→)	(⚡)	(M)
Sandschaufel		

6 Finde im Text zu jeder Strategie mindestens fünf Wörter.
Zeichne über jedes dieser Wörter das passende Zeichen.

Beim Zahnarzt muss ich im Wartezimmer warten.

Die Helferin führt mich in einen der vielen Behandlungsräume.

Meine Mutter hält mir die Hand. Die Ärztin schaut mir in den Mund.

Zum Glück muss sie heute nicht bohren. Alle meine Zähne sind gesund.

Ohne Grund bin ich ganz ängstlich gewesen.

Strategien anwenden 3

1 Diese Wörter sind Merkwörter. Markiere die Merkstelle.

Vater   zehn   Uhr   voll   denn   viel   Klavier
Fehler   Belohnung   vier   Fahrt   Vorspiel   Meer
Bühne   ohne   vorher   Lehrerin   Saal   sehr

2 Setze die Merkwörter von Aufgabe 1 in den Lückentext ein.

Letzte Woche hatte ich ein _Vorspiel_ in meiner Musikschule.

Mein _____ übernahm die _____ und brachte mich

um _____ vor _____ _____ hin. Der _____ war

schon _____. Meine _____ wartete auf mich, _____ sie wollte

mir _____ noch _____ Glück wünschen. _____ Angst ging ich

zu dem _____ auf der _____. Leider machte ich einen

kleinen _____. Trotzdem bekam ich eine _____

Darüber freute ich mich _____.

3 Entscheide: **ä/äu** oder **e/eu**? Schreibe die Wörter mit Ableitung
als Wortpaar und die anderen Wörter einzeln auf.

H✿fte   Tr✿me   R✿der   Fr✿de   Schw✿ster   B✿che   B✿nk
Gl✿tte   Fr✿nde   N✿gel   M✿se   B✿le   L✿chten   P✿rle

Wortpaare mit **a/au**: _Träume – Traum,_ _____

_____

_____

Einzelwörter mit **e/eu**: _Hefte,_ _____

_____

_____

4 Setze die richtigen Buchstaben am Wortende ein.
Verlängere die Wörter dazu im Kopf:

Stif _t_____   Luf_____   Ran_____   Zu_____   dursti_____   Lan_____

Gif_____   Bil_____   Stran_____   har_____   lie_____   Schrif_____

5 Ergänze die Verben mit **ä/äu** oder **e/eu**.
Leite die Wörter vorher im Kopf ab.

L___cheln   fr___en   umr___men   r___nnen   n___hen

z___hlen   w___hlen   tr___men   anf___ern   w___hen

st___ern   dr___hen   vers___men   L___ten   L___sst

6 Für jedes Wort brauchst du mehrere Strategien,
manchmal auch eine Strategie mehrfach.
Schreibe über jedes Wort die passenden Zeichen.

◯◯   ◯
Erdbeermarmeladengläser

◯ ◯ ◯◯
Sonntagskaffeegäste

◯ ◯ ◯◯ ◯
Wollhandschuhverkäufer

◯   ◯   ◯
Halbmarathonläufer

◯   ◯   ◯◯
Seepferdchenschwimmabzeichen

◯◯   ◯   ◯
Fußballnationalmannschaftskapitän

Wortarten

1 Unterstreiche im Text die Nomen blau,
die Verben rot und die Adjektive grün.

Jedes <u>Jahr</u> <u>kommt</u> die <u>große</u> Familie zu Omas Geburtstag.

Sie feiert immer wieder gerne in ihrem verwilderten Garten.

Am Nachmittag sitzt sie glücklich unter dem blauen Sonnenschirm

an der gemütlichen Kaffeetafel. Jeder bringt etwas mit.

Unser Onkel spielt Gitarre und singt dazu.

Sie begrüßt alle und freut sich sehr.

2 Ordne die unterstrichenen Wörter.

Nomen: *Jahr,* _____

_____

Verben: *kommt,* _____

_____

Adjektive: *große,* _____

_____

3 Schreibe die Nomen aus Aufgabe 1 in der Mehrzahl auf.

die Jahre, _____

_____

_____

_____

4 Setze die Personalformen aus Aufgabe 1 in die Grundform.

kommen, _____

_____

5 Finde zu jedem Adjektiv ein passendes Nomen.

blau • heiß • spitz • hart • schnell • grell • süß • dunkel • kalt

der blaue Himmel, _____

_____

_____

_____

 6 Fülle die Lücken mit passenden Verben aus dem Wortfeld **lachen**.

freuten • grinste • kicherten • schmunzelte • lachten • prustete • gejubelt

Heute hat unsere Mannschaft mit einem Megaschuss gewonnen.

So laut wie wir hat bestimmt noch niemand über einen Sieg

_____. Mit dem Ball flog Emmas Schuh ins Tor.

Emma _____ vor Lachen laut los.

Alle _____ und _____ vor Vergnügen.

Unser Trainer _____, weil wir alle uns so

ausgelassen _____. Carla _____ mich an

und sagte: „Das war ja gleich ein doppeltes Tor!"

Vorangestellte Wortbausteine

1 Wortbausteine verändern Verben.
Kreuze an, welche Wortbausteine zu welchem Verb passen.

	an-	be-	ein-	ent-	er-	über-	ver-	zu-
halten	X							
legen								
greifen								
kleben								
raten								
sammeln								
stehen								
treiben								
ziehen								

2 Wähle ein passendes Verb und setze es in der richtigen Form ein.

Als Hamster wird eine Gruppe kleiner Nagetiere _bezeichnet_ .

aufzeichnen, auszeichnen, bezeichnen

Sie _____ etwa 15 Arten. Alle Arten _____

anfasst, befasst, umfasst   nachsitzen, besitzen, aufsitzen

große Backentaschen, in die sie ihre Vorräte _____.

versammeln, absammeln, einsammeln

Wenn die Backentaschen voll sind, _____

herausragen, hervorragen, überragen

sie sogar oft die Schulterblätter. Beim Goldhamster

lassen volle Backentaschen den Kopf manchmal

doppelt so groß _____.

erscheinen, bescheinen, aufscheinen

3 Bilde zu jedem Wort einen kurzen, sinnvollen Satz.

einsteigen • aussteigen • einschlafen • ausschlafen
einsehen • aussehen • einladen • ausladen

Lars steigt in die Bahn ein. _____

_____

_____

_____

_____

_____

_____

4 Finde Nomen mit vorangestellten Wortbausteinen.

einsteigen – *der Einstieg* _____   einkaufen – _____

besuchen – _____   abbrechen – _____

eintragen – _____   einsetzen – _____

einsehen – _____   einziehen – _____

versuchen – _____   absehen – _____

begreifen – _____   abgeben – _____

ausreiten – _____   verlieren – _____

Wörter mit -heit, -keit, -ung, -nis

1 Unterstreiche im Text die Wörter mit **-heit**, **-keit**, **-ung** und **-nis**.

Meine Urgroßmutter hat ein gutes Gedächtnis.
Sie erzählt mir gerne Erlebnisse aus ihrer Kindheit.
Sie ging nur acht Jahre lang zur Schule und hatte
immer ein gutes Zeugnis.

„Ich bekam in fast jedem Schuljahr eine Belobigung
wegen hervorragender Gründlichkeit, Sauberkeit und
guter Führung. Und ich durfte jedes Mal ein Buch
auswählen", berichtet sie stolz.

Wegen einer Kleinigkeit wurde sie im letzten
Schuljahr nicht Klassenbeste. „Das war
eine richtige Gemeinheit!", schimpft sie,
auch wenn sie sich nicht an die Begründung
erinnern kann.

Heute klagt meine Urgroßmutter manchmal,
weil ihre Beweglichkeit nachgelassen hat.
Bei Dunkelheit traut sie sich nicht mehr
aus dem Haus. Sie muss regelmäßig
Untersuchungen über sich ergehen lassen
und braucht ständig Betreuung.

2 Ordne die Wörter aus Aufgabe 1. Benutze Artikel.

-heit: _____

-keit: _____

_____

-ung: _____

_____

-nis: *das Gedächtnis,* _____

3 Finde zu den Nomen aus Aufgabe 2 das passende verwandte Wort.

betreuen • denken • gründlich • loben • bezeugen • Grund • dunkel
bewegen • führen • Kind • gemein • sauber • erleben • klein • untersuchen

Kindheit – Kind,

_____

_____

_____

_____

_____

_____

_____

_____

4 Finde die verwandten Nomen und setze sie in die Mehrzahl.

ergeben: *das Ergebnis, die Ergebnisse* _____

ärgern: _____

verhalten: _____

geheim: _____

hindern: _____

Präsens, Präteritum, Perfekt, Futur

1 Unterstreiche die Verben im Präsens.

<u>er wohnt</u>   ich arbeitete   du sagst   ihr wartetet   du rechnetest

sie lacht   wir schickten   sie bauten   es weint   ihr malt

2 Setze die Verben aus Aufgabe 1 ins Perfekt.

Er hat gewohnt. Ich _____

_____

_____

_____

_____

3 Präteritum oder Futur? Setze die Verben passend ein.

fahren • kaufen • fliegen

Früher __*fuhren*__ wir mit dem Auto in den Urlaub.

Im nächsten Sommer __*werden*__ wir

mit dem Rad um den Bodensee __*fahren*__.

Gestern _____ ich ein Geschenk für Papa.

In einem Jahr _____ mir Papa

ein Skateboard _____.

Vor zwei Jahren _____ ich mit meinen Eltern

nach Paris. In drei Jahren _____

wir nach Amerika _____.

Sprache untersuchen

4 Lies zuerst den ganzen Text. Setze die Verben passend ein.

fahren • springen • dauern • aufziehen
verschwinden • schütteln • kommen • losbrechen • rennen • verlassen
warten • versprechen • fahren • scheinen

Letzte Woche _fuhren_ wir an den See zum Baden. Wir hatten uns

schon lange darauf gefreut und _____ sofort ins kühle Wasser.

Leider _____ der Spaß nicht lange _____.

Dunkle Wolken _____. Die Sonne _____.

Plötzlich _____ Windböen die Bäume. Wir _____ gerade noch

aus dem Wasser, als das Gewitter _____. Pitschnass _____ wir

zum Auto. Auf Mama kann man sich _____. Sie hatte schon alles

eingepackt und _____ mit trockenen Badetüchern auf uns.

Papa _____, dass wir am

nächsten Wochenende wieder hierher

_____. Hoffentlich _____

dann die ganze Zeit die Sonne _____.

5 Ergänze die Formen von **sein**.

	Präsens	Präteritum	Futur
ich	bin	war	werde sein
du			
er, sie, es			

Vergleichsstufen

1 Kennzeichne die Adjektive:
Grundform: G, 1. Vergleichsstufe: 1, 2. Vergleichsstufe: 2

1	früher		am lautesten		spät
	am weichsten	G	müde		toll
	enger		heiß	2	am leckersten
	breit		dünner		am saubersten

2 Ordne die Formen aus Aufgabe 1 in die Tabelle ein.
Ergänze die fehlenden Formen.

Grundform	1. Vergleichsstufe	2. Vergleichsstufe
früh	früher	am frühesten

Sprache untersuchen

3 Vervollständige die Vergleiche.

Zeitungen – Bücher • frischer Salat – alter Salat • der Bus – der Zug • der Teppich –
die Fliesen • eine Schlucht – ein Graben • ein Baum – ein Busch • Stahl – Holz

Frischer Salat schmeckt besser als _____.

_____ ist höher als _____.

_____ ist tiefer als _____.

_____ fährt langsamer als _____

_____ ist härter als _____.

_____ sind aktueller als _____.

_____ ist weicher als _____.

4 Fülle die Lücken im Text mit Vergleichsstufen.

Von allen Ferien sind die Sommerferien *die längsten*.

Eine Ameise ist _____ ein Elefant.

Frederik schreit in der Turnhalle immer _____.

Essig schmeckt _____ Orangensaft.

Ein Fußballspiel dauert _____ eine Schulstunde.

Ein Pferd läuft _____ ein Mensch.

Beim Schwimmen ist Carla immer _____.

Ein Floh springt _____ ein Frosch.

Sonntags stehe ich in meiner Familie _____ auf.

Die vier Fälle des Nomens

1 Der Regelkasten ist durcheinandergeraten.
Unterstreiche zusammengehörige Teile in der gleichen Farbe.

3. Fall	der Hund	Wem?
2. Fall	dem Hund	Wer oder was?
4. Fall	des Hundes	Wen oder was?
1. Fall	den Hund	Wessen?

2 Trage die Elemente des Regelkastens aus Aufgabe 1 geordnet ein.

1. Fall		
2. Fall		
3. Fall		
4. Fall		

3 Welches Fachwort steht für welchen Fall? Ordne richtig zu.

Genitiv • Akkusativ • Dativ • Nominativ

1. Fall: _Nominativ_

2. Fall: _____

3. Fall: _____

4. Fall: _____

4 In welchem Fall stehen die farbigen Nomen?
Schreibe **N** für Nominativ, **G** für Genitiv, **D** für Dativ und **A** für Akkusativ.

Lea gibt der Katze frisches Futter.   Lea streichelt die Katze.

Nils säubert das Katzenklo.   Das Fell der Katze glänzt.

Die Katze schnurrt zufrieden.   Die Katze schließt die Augen.

5 Setze die Wörter aus den Kästen passend ein.
In jede Lücke kommen zwei Wörter, eines aus jedem Kasten.

seinem • die • ihrer • den
einem • des • seines

Schüler • Auto • Onkel • Beruf
Tante • Radiosender • Vater

Heute sprechen _die Schüler_ über ihre Berufswünsche:

Ella möchte _____ Krankenpflegerin

erlernen. Das ist der Beruf _____.

Fabius interessiert sich für alle Teile _____.

Er kennt den Beruf Kfz-Mechaniker schon lange

von _____.

Viktor will Dolmetscher bei _____

werden. Er spricht fließend Russisch, die Sprache

_____.

6 Schreibe die Nomen in allen Fällen auf.

Blitz • Stern • Boot

1. Fall: _der Blitz,_ _____

2. Fall: _____

3. Fall: _____

4. Fall: _____

Sprache untersuchen 37

Subjekt und Prädikat

1 Wähle das passende Subjekt und setze es ein.

ich (3x) • er • wir • Mesut • die Halfpipe • Ali
mein neues Skateboard • meine Schützer

Hannes erzählt: „Heute war _ich_ zum ersten Mal mit Mesut und Ali

skaten. Ali ist Mesuts großer Bruder. _____ kennt viele Straßentricks.

_____ habe zwei tolle neue Tricks gelernt. Auch _____ ist heute

viel besser geworden. Beim Bremsen bin _____ oft hingefallen. Zum Glück sind

_____ gut. Auch _____

ist super. Wenn _____ gut trainieren,

will _____ uns bald zur Miniramp mitnehmen.

_____ ist noch lange unser Traum.“

2 Unterstreiche in jedem Satz das Prädikat.
Verwandle die Sätze in Fragen.
Schreibe das Prädikat am Satzanfang.

Hannes bekommt ein Skateboard. Er braucht noch neue Schützer. Er übt mit Mesut.

Ali zeigt seine Tricks. Hannes und Mesut trainieren eifrig. Die Jungen haben Spaß.

Abends fallen die Jungen müde ins Bett.

Bekommt Hannes _____

_____

_____

_____

_____

_____

3 Unterstreiche in den Sätzen die Subjekte blau und
die zweigeteilten Prädikate rot.

Neben dem Spielplatz bauen Arbeiter eine Halfpipe auf.

Viele Kinder schauen zu. Carl flüstert Leon zu:

„Wenn alles fertig ist, probiere ich die hohen Sprünge aus.

Machst du mit?" Leon lacht: „Warte ab, das geht nicht so

schnell voran. Die schließen die Arbeiten nicht so schnell ab.

Ich tausche vorher noch die Rollen an meinem Board um

und wähle einen neuen Helm aus. Ich rufe dich an. Bis bald!"

Er setzt sich auf sein Fahrrad und fährt los.

4 Schreibe die Prädikate aus Aufgabe 3 in der Grundform auf.

aufbauen,

5 Schreibe mit den Wortstämmen kurze Sätze, in denen Subjekt und
Prädikat den gleichen Wortstamm haben.

rad • sieg • lehr • koch • mal • schwimm
schneid • wander • pfleg • reit • miet • mix

Dativobjekt und Akkusativobjekt

1 Vervollständige die Regeln.

Wen oder was? • Wem?   Dativobjekt • Akkusativobjekt

Mit der Frage „Wem?" _____

frage ich nach dem _____.

Mit der Frage _____

frage ich nach dem _____.

2 Prüfe in jedem Satz das Objekt. Kennzeichne Sätze mit
Dativobjekt mit **D** und Sätze mit Akkusativobjekt mit **A**.

D   Tim zeigt Leon sein Aquarium.

Leon darf den Fischen Futter geben.

Zum Geburtstag wünscht Tim sich einen Krebs.

Gestern habe ich einen Brief von Kati bekommen.

Letzte Woche wurde ihr das Fahrrad geklaut.

Die Polizei hat schon einen Verdächtigen.

Gibst du unser Auto bei der Werkstatt ab?

Der Mechaniker soll den Ölstand prüfen.

Danach schickt die Werkstatt uns die Rechnung.

Max begleitet Lina auf dem Schulweg.

Unterwegs treffen sie oft Frau Kaag mit ihrem Hund.

Zur Begrüßung dürfen sie dem Hund ein Leckerchen geben.

3 Beantworte die Fragen. Unterstreiche das Dativobjekt hellgrün und das Akkusativobjekt dunkelgrün.

Frank erklärt dem Mann den Weg.

Wem erklärt Frank den Weg? _____

Wen oder was erklärt Frank? _____

4 Ergänze die Satzanfänge mit zwei Objekten. Unterstreiche Dativobjekte rot und Akkusativobjekte grün.

Robert • Carla
den Schülern • Eva

ein Sammelbild • ein Foto
ihre Hefte • ein Eis

Carl schenkt *Eva ein Sammelbild.* _____

Papa verspricht _____

Lea mailt _____

Die Lehrerin gibt _____

5 Wähle zwei Verben. Schreibe selbst Sätze, in denen ein Dativobjekt und ein Akkusativobjekt vorkommen.

geben • schreiben • bringen • kaufen

_____
_____
_____
_____
_____
_____

Wörtliche Rede und Redebegleitsätze

1 Setze die passenden wörtlichen Reden und Redebegleitsätze ein.

„Zu denen bin ich leider nicht mehr gekommen."
„Nur eine einzige." • „Und wie viele hast du falsch?"
„Wie viele Aufgaben waren denn dran?"

ruft der Vater
antwortet Felix

Felix kommt nach Hause. Sein Vater fragt ihn:

„Na, wie war die Klassenarbeit? *Wie viele*

Aufgaben waren denn dran?"

„Nur zehn", _____.

_____, will der Vater wissen.

Felix erwidert: _____ „Super, das ist ja super!",

_____. „Wie ging's denn mit den anderen neun Aufgaben?"

_____

_____, antwortet Felix.

2 Unterstreiche die Redebegleitsätze in Aufgabe 1 blau.

3 Verbinde die Bilder mit den passenden wörtlichen Reden.

„Oh Mann", ärgert sich Pia, „jetzt habe ich meine Turnschuhe nicht eingepackt."

Lukas ruft: „Das Lied ist super!"

„Schokolade ist meine Lieblingssorte", schwärmt Nele.

4 Finde passende Redebegleitsätze. Setze sie in die wörtlichen Reden ein.

„Was ist passiert?", _fragt der Trainer_____.
„Hast du dich verletzt?"

„Schon wieder", _____,
„pass demnächst besser auf!"

„Es tut so weh", _____,
„mach doch endlich was!"

„Lass mich mal durch", _____,
„ich habe ein Pflaster."

5 Finde zu den wörtlichen Reden passende Redebegleitsätze.
Die wörtliche Rede soll einmal vorne, einmal in der Mitte und
einmal am Ende stehen.

Minka, wo bist du?

Komm, Miez, Miez, Miez!

Da hast du dir aber ein gutes Versteck gesucht.

_____

_____

_____

_____

_____

Werbewörter und Werbesprüche

1 Verbinde die Adjektive aus der Werbung mit passenden Produkten.

strapazierfähig   Pizza

stabil   Buch

preiswert   Fahrradhelm

kuschelweich   Sofa

interessant   Joghurt

bequem   Pulli

lecker   Film

gratis   Jeans

spannend   Sporttasche

2 Finde zu diesen Adjektiven passende Produkte.

fangfrisch   brandneu   knackig   knusprig   sensationell

zart   duftig   aktuell   pflegeleicht   spannend

fangfrische Fische,

3 Setze die Werbesprüche richtig zusammen.

Mit Wolle von Knoll

viele tolle Angebote.

Wie immer gibt es heut' bei Schrote

saure Gurken aus dem Glas.

Willst du auch 'ne Superschrift

mit dem neuen Hucki-Stift?

Jede Menge Gurkenspaß,

wird dein Pulli toll.

Mit Wolle von Knoll _____

_____

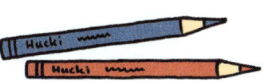

_____

_____

_____

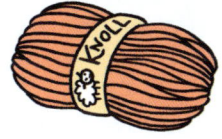

_____

4 Erfinde selbst Werbesprüche.
Du kannst diese Wörter verwenden.

toll　super　angesagt　cool　traumhaft　perfekt　spitze

_____

_____

_____

_____

Wörter und Redewendungen

1 Finde zusammengesetzte Adjektive.

grün • kalt • weiß • rot • blau • schnell • hart • scharf • weich • tief

himmelblau, _____

_____

_____

2 Löse die Rätsel.

Warum ist Rätselraten so gefährlich?

Weil man sich den Kopf zerbricht.

Spaßvogel • Rost • Würfel • Schwamm • Bach • Huhn • Flasche

Was hat einen Hals, aber keinen Kopf? _Flasche_ _____

Wer hat Hühneraugen am Kopf? _____

Welcher Vogel legt keine Eier? _____

Wer hat 21 Augen und kann doch nicht sehen? _____

Was kannst du nicht mit Worten ausdrücken? _____

Wer frisst mit Vorliebe Eisen? _____

Wer bleibt in seinem Bett und ist doch unterwegs? _____

3 Was ist gemeint? Verbinde.

sich aus dem Staub machen   bei jemandem beliebt sein

bei jemandem einen Stein   nicht aufgeben
im Brett haben

aus der Haut fahren   davonlaufen, schnell verschwinden

am Ball bleiben   tapfer sein, sich beherrschen

sich den Kopf zerbrechen   sehr wütend werden

die Zähne zusammenbeißen   angestrengt nachdenken

etwas ausbaden müssen   durcheinanderkommen

irgendwo sieht es aus   unschuldig für etwas bestraft
wie Kraut und Rüben   werden

den Faden verlieren   ununterbrochen reden

ohne Punkt und Komma reden   irgendwo ist große Unordnung

4 Finde die passende englische Redensart. Ordne zu und erkläre.

She lets the cat out of the bag.   Tom turns a blind eye.   It's a thorn in my eye.

Tom möchte etwas nicht bestrafen. ◆ Tom drückt ein Auge zu.

 _____

Es ist mir lästig/verhasst. ◆ Es ist mir ein Dorn im Auge.

 _____

Sie verrät ein Geheimnis. ◆ Sie lässt die Katze aus dem Sack.

 _____

Steckbriefe, Sachtexte

1 Lies den Text.

Der Begriff <u>Oase</u> stammt aus Ägypten
und bedeutet „grüne Insel im Sandmeer".
Es gibt <u>Flussoasen</u> an den Ufern von Flüssen,
<u>Quelloasen</u>, in denen das Wasser direkt als Quelle
an die Oberfläche kommt, oder <u>Brunnenoasen</u>,
wo durch tiefes Ausgraben eines Brunnens
das Grundwasser erreicht wird.

Es gibt <u>in fast allen größeren Wüstengebieten</u> Oasen, vor allem aber
<u>in der Sahara</u>. 60 Prozent der Einwohner des riesigen Saharagebietes
wohnen in diesen Oasen. <u>Über ein</u> geschickt angelegtes <u>Kanalnetz</u>
wird das Wasser zu den einzelnen Feldern der Oasen geleitet.
Dort wachsen Palmen, in deren Schatten wiederum andere Pflanzen
gedeihen. So können <u>Obst</u>, wie Bananen, Orangen, Zitronen und Äpfel,
sowie <u>Gemüse und Getreide</u> angebaut werden.

2 Ergänze den Steckbrief mit Hilfe der unterstrichenen Wörter.

Steckbrief

Name: _Oase_ _____

Übersetzung: _____

Oasenarten: _____

_____

Lage: _____

_____

Bewässerung: _____

Pflanzen: _____

3 Lies den Steckbrief über die Wüste und ergänze den Sachtext.

Steckbrief

Name: Sahara
Übersetzung: „sehr große Wüste", „Meer ohne Wasser"
Wüstenarten: Steinwüste, Kieswüste, Sandwüste
Bewässerung: Quelloasen im Gebirge, Nil mit Flussoase
Bevölkerung: umherziehende Nomaden
Besonderheit: Pyramiden

Die *Sahara*, übersetzt die _____ oder _____

_____, wird von einigen Felsgebirgen durchzogen. Deshalb gibt es

hier sehr viele _____. Die Sahara besteht aus _____,

_____ und _____. Der einzige Dauerfluss ist der Nil.

Das Niltal ist eine sehr große _____, die die Hochkultur der Ägypter

mit ihren _____ ermöglichte. Da auf dem unbewässerten Wüstenboden

kaum etwas wächst, können hier nur _____ leben, die das ganze Jahr

über auf der Suche nach Essbarem umherziehen.

4 Schreibe, wer oder was mit den angekreuzten Eigenschaften
beschrieben wird.

Name	x	x	x
Währung			x
Geburtstag	x	x	
Hobby	x		
Schulterhöhe		x	
Fellfarbe		x	
Hauptstadt			x
Einwohner			x

Etwas beschreiben

1 Betrachte die Bilder und lies die Beschreibungen.
In jeder Beschreibung ist ein Satz falsch. Streiche ihn durch.

Neuschwanstein	Eiffelturm	Burj Khalifa

Neuschwanstein
- ◯ Mit seinen Erkern und Türmen sieht es wie eine alte Ritterburg aus.
- ◯ ~~Die Außenwände sind aus Gold.~~
- ◯ Von der Marienbrücke aus sieht man das Schloss und den dahinterliegenden Forggensee.
- ◯ Es liegt inmitten der Allgäuer Alpen auf zerklüfteten Felsen.
- ⊗ Das Schloss wurde für Ludwig II. gebaut.

Eiffelturm
- ◯ Dieser Turm ist das Wahrzeichen der Stadt Paris.
- ◯ Der Turm hat drei Plattformen.
- ◯ Auf der Spitze ist ein Sendemast für Radio- und Fernsehsender.
- ◯ Der Eiffelturm liegt inmitten einer Parklandschaft.
- ◯ Das Stahlgerüst besteht aus Drei- und Vierecken und Rundbogen. Das wird auch Fachwerkbau genannt.

Burj Khalifa
- ◯ Seit dem 4. Januar 2010 ist dieses Gebäude das höchste der Welt.
- ◯ Dieser Wolkenkratzer besteht aus 163 Etagen.
- ◯ Das Gebäude steht im Meer.
- ◯ Das Gebäude ist fast dreimal so hoch wie der Eiffelturm.
- ◯ Die Fassade besteht aus Glas und Aluminium.

2 In jeder Beschreibung ist eine Information, die du nicht im Bild sehen kannst. Kreuze diesen Satz an.

3 Die Freiheitsstatue ist das Wahrzeichen von New York.
Beschreibe sie mit Hilfe der Stichwörter.

Frauenfigur   Fackel   Insel   Hafen von New York

aus Kupfer   46 Meter hoch   siebenstrahlige Krone

Tafel mit dem Datum der Unabhängigkeitserklärung

Die Freiheitsstatue von New York ist

_____

_____

_____

_____

_____

_____

_____

_____

_____

4 Kreuze nur die Sätze an, die zu einer Beschreibung gehören.

○ Das Gebäude lässt mir Schauer über den Rücken laufen.

○ Die Brücke steht auf sechs Pfeilern.

○ Es war einmal ein geheimnisvolles Schloss, ...

○ Die Kirchturmkugel hat einen Durchmesser von einem Meter.

○ Das Haus hat 90 Stockwerke.

○ Ich bin gespannt, ob es nicht bald ein höheres Gebäude gibt.

○ Mann, war das spannend!

○ Die Türme laufen nach oben spitz zu.

Beschreiben, wie etwas funktioniert oder vor sich geht

1 Nummeriere die Schritte vom Samenkauf bis zur Blüte in der richtigen Reihenfolge.

[ ]	Blüten öffnen sich
[1]	Samen und Erde kaufen
[ ]	regelmäßig gießen
[ ]	Löcher in die Erde stechen
[ ]	erste Pflanzenkeime erscheinen
[ ]	Blütenknospen entwickeln sich
[ ]	Samenkörner in die Erde stecken
[ ]	Blumen wachsen
[ ]	Erde in Blumenkasten füllen

2 Schreibe in ganzen Sätzen, wie eine Balkonblume entsteht. Achte auf unterschiedliche Satzanfänge.

Zuerst kaufe ich Samen und Erde.

_____

_____

_____

_____

_____

_____

_____

_____

3 Stelle dir das Zähneputzen Schritt für Schritt vor.
Markiere die Stelle, an der ein Schritt fehlt.
Schreibe den passenden Satz unten auf.

Zuerst fülle ich einen Zahnputzbecher voll Wasser.

Dann tauche ich die Zahnbürste hinein.

Ich gebe Zahnpasta auf die Bürste.

Ich spüle den Mund aus.

Jetzt spüle ich die Zahnbürste ab.

Zuletzt gieße ich den Becher mit Wasser aus.

* *Ich* _____

 4 Lies die Beschreibung des Unfalls sorgfältig. Einige Sätze passen nicht.
Streiche sie durch.

Unfall mit Wildschweinhorde

Am Freitagabend fuhr ein Gemüsehändler mit seinem Lieferwagen
auf der Bundesstraße von Friedrichsfeld nach Rheinau.
~~Hierbei handelt es sich um eine Abkürzung.~~ Auf Höhe des Wald-
randes kreuzte plötzlich eine Horde Wildschweine die Fahrbahn.
Vom Scheinwerferlicht geblendet, blieb ein Wildschwein
auf der Fahrbahn stehen. Der Fahrer versuchte auszuweichen.
Schlingernd fuhr er zunächst nach links, dann nach rechts.
Dabei landete er mit seinem Fahrzeug im Straßengraben.
Die Ladung des Fahrzeugs geriet ins Rutschen und fiel ebenfalls
in den Straßengraben. Sofort kehrte die Wildschweinhorde um und
die Wildschweine begannen, das Gemüse aufzufressen. Der Fahrer
traute sich nicht aus seinem Fahrzeug und rief mit dem Handy
die Polizei. Als die Polizei eintraf, waren alle Wildschweine
satt gefressen. Der Fahrer kam mit dem Schrecken davon.
Die Wildschweine erlitten eine leichte Magenverstimmung.

Von Ereignissen berichten

1 Sortiere die Ereignisse. Schreibe hinter jede Frage die passende Antwort.

Goldschmied Johannes Gutenberg erfand ein Drucksystem, mit dem man Bücher schneller vervielfältigen und verbreiten konnte
Mainz (Deutschland)
Mitte des 15. Jahrhunderts

Ingenieur Erich Böhm und Elektrotechniker Karlheinz Brandenburg
Schwarzenfeld (Deutschland)
erfanden den MP3-Player, der schnellen Zugriff auf eine große Menge an Audiodateien ermöglicht
1995

Wer? *Goldschmied Johannes Gutenberg* _____

Wann? _____

Wo? _____

Was? _____

_____

_____

Wer? _____

_____

Wann? _____

Wo? _____

Was? _____

_____

_____

2 Schreibe einen Bericht über die Erfindung des MP3-Players.
Beachte auch die zusätzlichen Informationen.

leichter und kleiner als Walkman

passt in jede Jackentasche   vorher: Walkman mit Kassette

_____

_____

_____

_____

_____

_____

_____

_____

_____

3 Notiere neben den Sätzen, auf welche der vier Fragen
sie nicht antworten.

Im Jahr 1492 wurde im
Meer westlich von Europa
Amerika entdeckt.

_____

Neil Armstrong betrat
als erster Mensch die
Mondoberfläche.

_____

Ein Erlebnis schildern

1 Nummeriere das Erlebnis in der richtigen Reihenfolge.
Schreibe es danach auf.

☐ Dackeldame Donna dachte: „Mir schwant nichts Gutes!" Und so war es dann auch. Die gemeine Mia und ihr Bruder spritzten Donna an. Die ärgerte sich.

☐ Zum Blumengießen konnten Linus und Mia ihn nicht mehr benutzen.

☐ Es war ein schöner Frühlingstag. Mia und Linus gossen die Blumen im Garten mit dem Wasserschlauch. Plötzlich tuschelten sie.

☐ Dann biss Donna, so oft sie konnte, in den Schlauch.

☐ Endlich sprudelte das Wasser aus allen Löchern.

1 Die Rache von Dackeldame Donna

Die Rache _____

_____

_____

_____

_____

_____

_____

_____

_____

2 In die Geschichte könnte man mehr Spannung und Gefühle einbauen.
Wo würdest du diese Absätze in die Geschichte einsetzen?

Nach Nr.

☐

Aber der Gummi war härter, als Donna gedacht hatte.
Als sie auch ihre scharfen Schneidezähne ansetzte,
gab der Schlauch schließlich nach.

Nach Nr.

☐

Und Linus und Mia lernten daraus: Auch Tiere
haben Gefühle und man sollte sie nicht ärgern.

Nach Nr.

☐

Doch schließlich dachte sie:
„Ich habe einen Racheplan."

3 Schreibe das Erlebnis aus der Sicht von Dackeldame Donna auf.

_____

_____

_____

_____

_____

_____

_____

_____

_____

_____

Höhepunkte ausgestalten

1 Setze die Adjektive, wörtlichen Reden und Satzanfänge passend ein.

> „Hilfe, wo seid ihr?" • „Komm, wir machen uns gemeinsam auf die Suche!"
> „Wir bleiben alle zusammen." • „Was ist passiert?"
> freundlicher • rohem • verzweifelt • und einsam • Und tatsächlich

Die Klasse 4a machte einen Ausflug in den Zoo. Paul war so aufgeregt,

dass er gar nicht zuhörte, als der Lehrer die Regel wiederholte: „Wir bleiben

_____ Fasziniert von den Pinguinen achtete Paul aber nicht

mehr auf seine Gruppe. Plötzlich fühlte er sich allein _____.

Er begann zu schreien: _____ Hektisch lief er zu den Affen.

Aber die konnten ihm den Weg auch nicht zeigen. Paul setzte sich _____

mitten auf den Gehweg, als ihn ein _____ Mann ansprach:

_____ Paul erzählte von seiner Not. Der Mann beruhigte ihn:

_____

Als er einen Wärter mit _____ Fleisch sah, erinnerte sich Paul, dass die Klasse

das Löwengehege besuchen wollte. _____ – seine Mitschüler

saßen vor dem Löwenkäfig und warteten auf die Fütterung.

„Wir haben dich überall gesucht",

umarmte ihn erleichtert sein bester Freund.

Der Lehrer unterdrückte seinen Ärger:

„Na, wenigstens bist du jetzt wieder da!"

Und so wurde es doch noch ein schöner Tag.

2 Kreuze an, was einen Höhepunkt spannend und lebendig macht.

X	Wörtliche Rede		lange, komplizierte Sätze
	Beschreibung von Gefühlen und Gedanken		unterschiedliche Satzarten, also auch Fragesätze und Ausrufesätze
	viele Pronomen		sachliche Formulierungen
	abwechslungsreiche Satzanfänge		treffende Adjektive

3 Finde zu dieser Geschichte einen spannenden Höhepunkt.

Im Pazifischen Ozean lebte ein kleiner Wal namens Caruso, der so oft
das gleiche Lied sang, bis seine Mutter sagte: „Schwimm zu deinen Freunden.
Mir tun die Ohren weh!" Caruso schwamm beleidigt davon. Er bemerkte nicht,
dass der Strand näher kam. Plötzlich spürte er auf dem Rücken kalten Wind.
Das gefiel ihm. Doch als er wieder ins Wasser wollte, konnte er sich
nicht mehr bewegen. Er roch, dass Menschen auf ihn zukamen.

_____

_____

_____

_____

_____

_____

_____

_____

Caruso war froh, dass er wieder im Wasser war.
Mit einem hohen Sprung bedankte er sich bei den Menschen.

Für wen man schreibt

1 Hier sind zwei Briefe durcheinandergeraten. Unterstreiche die Sätze
für die Jugendherberge grün und die Sätze für Lucas rot.

Sehr geehrte Leitung der Jugendherberge Hohenfels,

Lieber Lucas,

wir, die Klasse 4b, planen unsere Abschlussfahrt.

bestimmt wunderst du dich über meinen Brief.

Wir haben in den letzten Sommerferien

im selben Ferienhaus gewohnt.

Wir haben gehört, dass es bei Ihnen sehr schön sein soll.

Damals hattest du so ein tolles Buch dabei.

Bitte teilen Sie uns mit, ob Sie in den Monaten Mai oder

Juni noch Platz für 24 Schüler und zwei Lehrer haben.

Es hieß „ Mit der Becherlupe unterwegs" oder so ähnlich.

Schreib mir doch bitte den genauen Titel und den Verlag.

Außerdem wären wir sehr dankbar, wenn Sie uns Info-

material über Ihr Haus und die Umgebung schicken könnten.

Liebe Grüße Dein Tim

Mit freundlichen Grüßen Klasse 4b

2 Schreibe den Brief an Lucas auf.

3 Kennzeichne die Lexikoneinträge:
K = für Kinder. E = für Erwachsene.

☐ **Beduinen**

Als Beduinen (arabisch-französisch, „Wüstenbewohner") bezeichnet man die als **Nomaden** lebenden Völker in Arabien, Syrien und Nordafrika. Sie züchten Kamele, Ziegen und Schafe.

☐ **Mimikry**

Als Mimikry (englisch, „Nachahmung") bezeichnet man die Schutzanpassung bei Tieren. Vor allem bei Insekten kommt es vor, dass Tiere ohne Stachel oder Giftdrüse in Form und Farbe andere Tiere nachahmen, die wehrhaft sind und deshalb von Räubern gemieden werden.

☐ **Mimikry** [griech.-engl.], die, Schutztracht mancher Lebewesen; durch Ähnlichkeit mit wehrhaften oder ungenießbaren Formen entgehen sie dabei dem Gefressenwerden; so gleicht z. B. der Schmetterling Bienenschwärmer (Aegeria apiformis) einer Hornisse.

☐ **Beduinen** [arab. „Wüstenbewohner"], im Ggs zum Städter und sesshaften → Fellachen der mit Kamelen nomadisierende Teil der → Araber in Arabien und Nordafrika (→ Nomaden).

4 An wen schreibst du was? Verbinde.

Bücherei/Autor	Ausflug mit Stadtführung geplant
Stadtführer	Ballkörbe auf dem Spielplatz fehlen
Gemeinde	Teilnahme am Lesewettbewerb
Schulleitung	Artikel übers Schulfest abdrucken
Zeitung/Zeitschrift	Spielmöglichkeiten für Regenpausen
Lehrerin	Klassentreffen

Bitten formulieren

1 Kennzeichne die Bitten mit den entsprechenden Zahlen:
1 = unhöflich, 2 = höflich, 3 = sehr höflich.

| 2 | Bitte, mach mal Platz! |

| | Würdest du bitte mal Platz machen? |

| | Mach mal Platz! |

| | Kann ich bitte mal die Karte haben? |

| | Gib schon her, die Karte! |

| | Bitte, gib mir mal die Karte! |

| | Ich will einen Termin. |

| | Wäre es möglich, einen Termin zu bekommen? |

| | Könnte ich einen Termin haben? |

| | Lässt du mich bitte mal probieren? |

| | Lass mich bitte mal probieren! |

| | Ich bin jetzt mal dran mit probieren! |

2 Schreibe alle sehr höflichen Bitten auf.

Würdest du bitte mal Platz machen?

_____

_____

_____

3 Schreibe zu jedem Satz eine sehr höflich formulierte Bitte.
Benutze dabei **würde** oder **könnte**.

Holst du mich um drei ab?

Könntest du mich um drei abholen?

Du setzt dich neben mich.

_____

Hilfst du mir mal bei den Aufgaben?

_____

Komm, beeil dich!

_____

Denk an das Geschenk!

_____

Wiederholst du das noch mal?

_____

4 Bitte deine Nachbarn möglichst höflich, sich um dein Haustier zu kümmern.
Schreibe genau auf, was sie tun sollen.

Liebe Nachbarn, _____

_____

_____

_____

_____

Zusammenfassungen

1 Lies zuerst den ganzen Text. Schreibe dann
zu jedem Abschnitt eine kurze Zusammenfassung.

Der getäuschte Riese

Es war einmal ein Riese in Irland, der hieß Fingel.

Zur gleichen Zeit lebte in Schottland ein anderer Riese.

Der hörte von Fingel. „Wer ist dieser Fingel?", fragte er sich.

„Ich will nach Irland gehen und ihn sehen."

Ein Riese in Schottland

_____

Als Fingel dies hörte, bekam er große Angst, denn er hatte erfahren,

der schottische Riese sei noch einen Kopf größer als er.

Er ging in die Küche zu seiner Frau. „Weib", sagte er, „da hilft nur eine List.

Ich lege mich ins Bett, wenn der Schotte kommt. Und du sagst, ich sei dein Kind."

Fingel und seine Frau

_____

_____

Gesagt, getan. Da kam auch schon der schottische Riese
aufs Haus zu und betrat es laut schreiend. „Wo ist Fingel?
Ich will ihn verprügeln." „Pst! Pst! Du weckst unser Kind auf",
wisperte die Frau. „O heiliger Andreas", rief der Riese.
„Wenn das euer Kind ist, wie groß wird dann erst Fingel sein?"

Der schottische Riese

_____

Damit rannte der Riese aus dem Riesenhaus, so schnell er konnte.
Er aß und trank vor Angst nichts, bis er wieder in seiner Heimat war.

Schnell

_____

_____

Texte verfassen

2 Schreibe die Märchentitel über die Zusammenfassungen.

_____

Vier alte und schwache Tiere sollen getötet werden. Doch sie entkommen
ihren Besitzern und brechen gemeinsam nach Bremen auf. Im Wald entdecken
sie ein Räuberhaus. Sie vertreiben die Räuber und bleiben dort wohnen.

_____

Aladin findet in einer magischen Höhle eine Öllampe. Wenn man die Lampe reibt,
erscheint ein Geist, der ihrem Besitzer jeden Wunsch erfüllt. So wird Aladin reich
und heiratet die schöne Tochter des Sultans.

_____

Ein schönes Mädchen muss Stiefmutter und Stiefschwestern gehorsam sein und
Erbsen aus der Asche lesen. Sie geht heimlich auf einen Ball im Schloss und
verliert dort einen Schuh. Der Prinz findet und heiratet sie.

3 Fasse ein Märchen zusammen, das du kennst.
Du kannst die Zusammenfassung auch
mit dem Computer schreiben und einkleben.

_____

_____

_____

_____

_____

_____

_____

Diagramme

1 Übertrage die Ergebnisse der Umfrage in ein Balkendiagramm.
Fülle für jedes Kind und jedes Gericht ein Kästchen aus.

Natalie erzählt: „In der Klasse haben wir über das Thema
Ernährung gesprochen. Es gibt viele Lieblingsessen,
die zwar nicht immer gesund sind, aber super schmecken.
Neun Kinder unserer Klasse essen am liebsten Pfannkuchen.
Pizza wurde siebenmal als Lieblingsessen genannt.
Wir waren überrascht, dass Hamburger und Spaghetti nur
von je zwei Kindern gewählt wurden. Fünf Kinder essen
am liebsten Eis. Vier Kinder bevorzugen Kuchen oder Muffins.
Salat und Obst sind zwar sehr gesund, aber niemand
nannte sie als Lieblingsessen."

Kinder

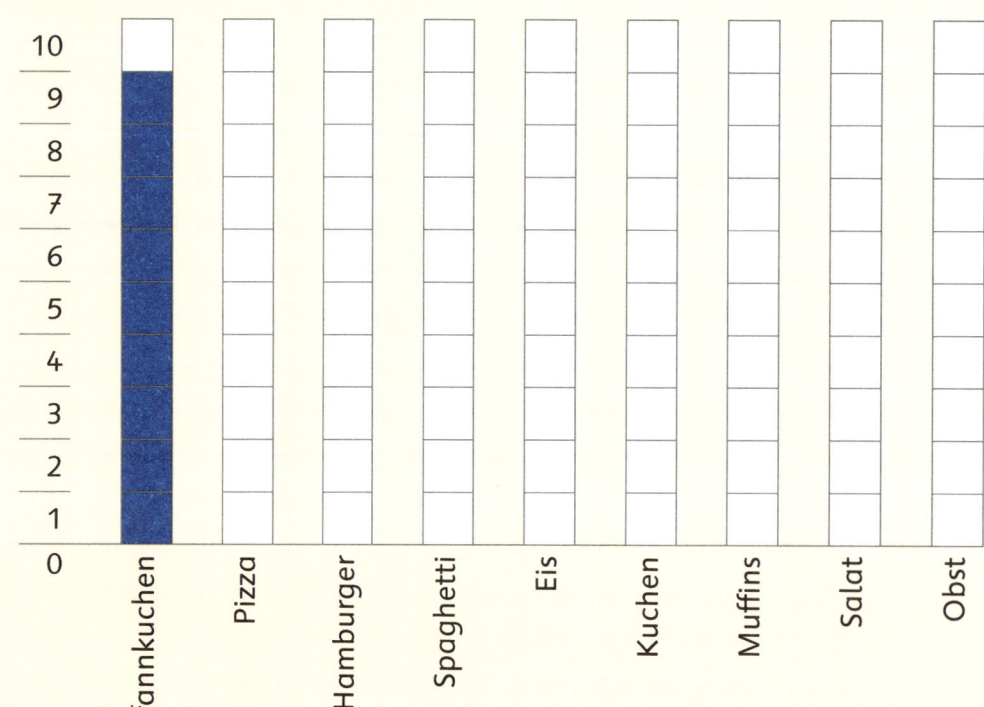

2 Nicht alle Aussagen passen zu diesem Diagramm.
Kreuze alle richtigen Aussagen an.

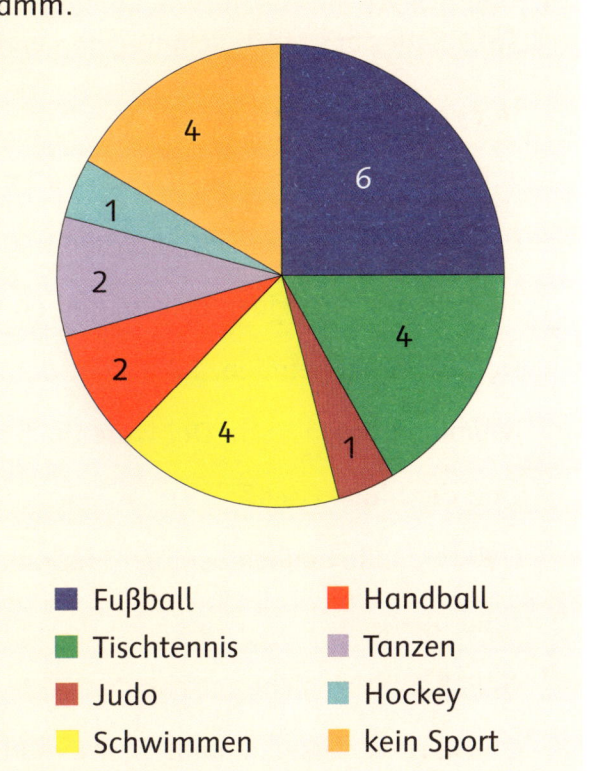

☐ Gleich viele Kinder
spielen Handball und Fußball.

☐ Hockey und Judo haben jeweils
nur einen Fan.

☐ Tischtennis ist genauso beliebt
wie Schwimmen.

☐ Vier Kinder
spielen Tischtennis.

☐ Es gehen mehr Kinder
tanzen als schwimmen.

☐ Sechs Kinder
treiben keinen Sport.

■ Fußball   ■ Handball
■ Tischtennis ■ Tanzen
■ Judo   ■ Hockey
■ Schwimmen   ■ kein Sport

3 Wandle die Temperaturwerte aus der Tabelle in ein Liniendiagramm um.

Ø Temperatur °C	−3	−1	6	9	11	16
Jahr 2010	Januar	Februar	März	April	Mai	Juni

Ø Temperatur °C	21	17	13	9	5	−3
Jahr 2010	Juli	August	September	Oktober	November	Dezember

°C
25

20

15

10

5

0

-5

Jan Feb Mrz Apr Mai Jun Jul Aug Sep Okt Nov Dez

Texte überarbeiten 1

1 Überarbeite die Geschichte, indem du Pronomen verwendest und Satzglieder umstellst. Schreibe den verbesserten Text auf.

In der Zoohandlung

Julia darf sich einen neuen Fisch für ihr Aquarium aussuchen. Julia geht mit ihrer Oma in die Zoohandlung.

Julia sieht zuerst einen dicken, gelben Fisch.

Der würde ihr gefallen. Julia sieht dann einen flinken, wendigen, roten Fisch. Der wäre auch nicht schlecht.

Und der blaue Fisch?

Den hat Julia neulich bei ihrer Freundin gesehen.

Julia überlegt.

Julia kann sich nicht entscheiden.

Glücklich verlässt Julia mit ihrer Oma und zwei bunten Fischen im Beutel die Zoohandlung.

Julia darf _____

_____

_____

_____

_____

_____

_____

_____

_____

_____

Texte verfassen

2 Im Text von Aufgabe 1 fehlt ein wichtiger Teil.
Markiere die Stelle mit einem Kreuz.
Schreibe dann das fehlende Textstück auf.

„Oma", sagt Julia, _____

_____

_____

_____

_____

_____

_____

_____

3 Was sagen die Experten in der Schreibkonferenz?
Verbinde jeden Experten mit den richtigen Aussagen.

Ausdrucksexperte

Verständnisexperte

Rechtschreibexperte

Du hast viele gute Ausdrücke für „gehen" gefunden.

Ich habe bei der Geschichte alles verstanden.

Bei der Überschrift macht man keinen Punkt.

Du fängst viele Sätze mit „dann" an.

Deiner Geschichte fehlt ein guter Schluss.

Du wiederholst zu oft den Namen.

Ich finde die Geschichte sehr spannend.

Denk an die Satzzeichen bei der wörtlichen Rede.

Texte überarbeiten 2

1 Diese Geschichte hat Niklas geschrieben.
Überarbeite den Text: Kreuze jeden Punkt an, den du überprüft hast.
Unterstreiche Stellen, die du korrigieren möchtest.

☐ Rechtschreibung ☐ Satzanfänge ☐ Satzschlusszeichen
☐ Wortwiederholungen ☐ gleicher Erzähler ☐ gleiche Zeitform der Verben

Die Radfarprüfung

Jonas und sein Freunt Tom üpten für die Radfahrprüfung

Jonas und Tom üpten Slalom fahren, abbremsen und was

die Verkehrsschilder bedeuten Und am ende des Tages

sind sie sehr erschöpft. und das machten sie jetzt jeden Tag

bis zur Prüfung. Am Abend vor der Prüfung machten sich

Jonas und Tom machten sie sich Sorgen, ob sie es überhaupt

schafen würden. Endlich war es so weit.

2 Schreibe deinen überarbeiteten Text.

_____

_____

_____

_____

_____

_____

_____

_____

3 Im Text sind drei Punkte nicht beachtet. Streiche falsche Stellen durch und schreibe deine Verbesserungen über die Wörter.

☐ Rechtschreibung	☐ Satzanfänge	☐ Satzschlusszeichen
☐ Wortwiederholungen	☐ gleicher Erzähler	☐ gleiche Zeitform der Verben

Die Radfahrprüfung begann mit Slalomfahren. Das war sehr praktisch

für Jonas und Tom. Plötzlich fällt Jonas in der neunten Runde hin.

Mein Bein blutete. Musste ~~ich~~ jetzt die Fahrradprüfung vergessen

Aber nein, Jonas bekommt trotzdem den Fahrradführerschein. Tom war stolz

auf seinen Freund und freute sich, dass sie es beide geschafft hatten

4 Hier sind andere Vorschläge für die Geschichte. Welche findest du am besten? Kreuze an oder schreibe deinen eigenen Vorschlag.

Überschrift: ☐ Ein guter Tag
                ☐ Üben, üben, üben

_____

Anfangssatz: ☐ Tom und Jonas haben bald Radfahrprüfung.
                ☐ Der Lehrer sagte: „Bald ist Radfahrprüfung."

_____

_____

Schlusssatz: ☐ Zu Hause zeigen sie den Eltern den Fahrradführerschein.
                ☐ Das war die Fahrradprüfung.

_____

_____

1. Jo-Jo-Seite

1 Zu welcher Wortart gehören die unterstrichenen Wörter?
Trage ein: N für Nomen, V für Verb und A für Adjektiv.

Punkte
9

„Der überaus starke Willibald" –
ein Kinderbuch von Willi Fährmann

☐ In einem <u>großen</u>, <u>grauen</u> Haus lebt <u>friedlich</u> eine Mäusegesellschaft.

☐ Eines <u>Tages</u> verbreitet sich das <u>Gerücht</u>, eine große, getigerte Katze schleiche um das Haus.

☐ Der überaus starke Willibald <u>nutzt</u> die Gelegenheit und <u>erklärt</u> sich zum Boss.

☐ Vorbei sind die <u>Zeiten</u> der <u>Beratungen</u>.

☐ Er lässt alle Mäuse <u>marschieren</u> und Schlachtrufe <u>üben</u>.

☐ Er teilt auch jeder <u>Mäusefamilie</u> ein Zimmer zu.

☐ Lillimaus, die einzige Maus mit <u>weißem</u> Fell und <u>roten</u> Augen, verbannt er in die Bibliothek.

☐ Ihr Verwandter Karlemaus <u>erschrickt</u>, denn in der Bibliothek <u>gibt</u> es nichts zu essen.

☐ Wird Lillimaus <u>überleben</u>?

2 Setze die Silben zu Wörtern zusammen und schreibe sie auf.
Achtung: Immer ein Kuckucksei ist dabei.

Punkte
14

schlu-	schme-	-cke	put-	stüt-	-zen
Lü-	Sä-	-cker	Rüt-	schmut-	-zig
Zu-	plu-	-cken	wit-	Kat-	-ze
E-	Lo-		Sät-	Pfüt-	

zu den Sprachbuchkapiteln 1–3:
Wortarten bestimmen; Wörter mit ck und tz richtig schreiben

2. Jo-Jo-Seite

1 Probiere aus, welche Wortbausteine du mit den Verben zusammensetzen kannst. Schreibe die neuen Verben auf.

Punkte
9

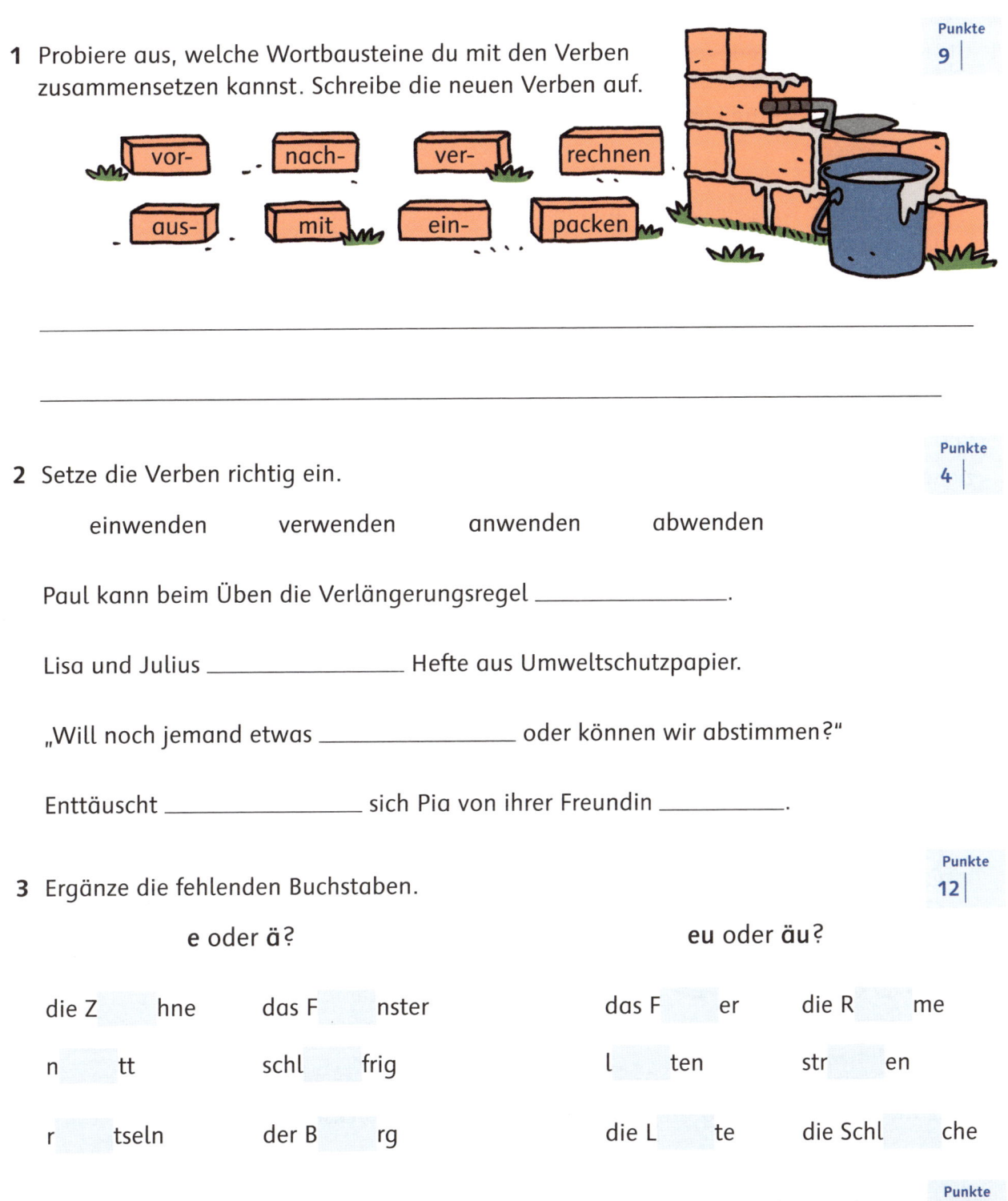

vor- · nach- · ver- · rechnen

aus- · mit · ein- · packen

_____

_____

Punkte
4

2 Setze die Verben richtig ein.

einwenden   verwenden   anwenden   abwenden

Paul kann beim Üben die Verlängerungsregel _____.

Lisa und Julius _____ Hefte aus Umweltschutzpapier.

„Will noch jemand etwas _____ oder können wir abstimmen?"

Enttäuscht _____ sich Pia von ihrer Freundin _____.

Punkte
12

3 Ergänze die fehlenden Buchstaben.

e oder ä?   **eu oder äu?**

die Z___hne   das F___nster   das F___er   die R___me

n___tt   schl___frig   l___ten   str___en

r___tseln   der B___rg   die L___te   die Schl___che

Punkte
12

4 Schreibe zu jedem Wort mit **ä** und **äu** ein verwandtes Wort mit **a** und **au** auf.

_____

_____

_____

zu den Sprachbuchkapiteln 1–3:
Verben mit Wortbausteinen zusammensetzen; Verben in einen Text einsetzen;
zu Wörtern mit ä und äu verwandte Wörter mit a und au suchen

73

3. Jo-Jo-Seite

1 Unterstreiche in jedem Satz das Subjekt blau.

Punkte
12

2 Unterstreiche das Prädikat rot.

Punkte
15

Waldameisen

Ameisen zählen weltweit zu den häufigsten Tieren.
Viele Arten bilden hoch entwickelte Staaten.
Waldameisen stehen unter Naturschutz. Sie leben
in großen Ameisenhügeln aus Tannennadeln und
Zweigchen. Die Arbeiterinnen pflegen die Brut
und die Königin. Sie bauen und reparieren die Burg
und bewachen die Eingänge. Auf duftmarkierten Straßen
ziehen sie zur Nahrungssuche aus. Ihr Jagdgebiet erstreckt
sich bis in die Baumkronen. Sie vertilgen Schädlinge.
Förster schätzen die Ameisen und bezeichnen sie
als Polizei des Waldes. An manchen Sommertagen
drängen plötzlich geflügelte Königinnen und Männchen
aus dem Nest. Sie starten dann zum Hochzeitsflug.

3 Setze die Verben richtig ein.

Punkte
3

vorbereiten   aufschreiben   nachschlagen

Thea und Paul _____ ein Plakat _____.

Sie _____ im Fachlexikon _____.

Sie _____ alle Informationen _____.

4 In jeder Spalte fehlen bestimmte doppelte Konsonanten.
Fülle die Lücken. Achtung: In jeder Spalte steht ein Kuckucksei.

Punkte
15

die Ta___e	die Karto___el	besti___en
begi___en	pfei___en	der Hi___el
mei___en	ö___nen	der Sta___
eri___ern	ho___entlich	nie___als
dü___	scha___en	schli___

zu den Sprachbuchkapiteln 1–3:
Subjekt und Prädikat bestimmen; trennbare Verben mit Wortbausteinen einsetzen; Wörter mit doppeltem Konsonant

4. Jo-Jo-Seite

1 Schreibe als Antwort auf die Fragen nur die Nomen mit Artikel auf.

Punkte
7

Forschen im ewigen Eis

Lange vermuteten die Menschen, dass ganz im Norden der Erde
die Welt zu Ende wäre. Die Schiffe der Seeleute mussten
immer wieder umkehren. Sie drohten im Eis stecken zu bleiben.
Erst vor etwa 100 Jahren erreichten die ersten Abenteurer
den Nordpol und den Südpol. Sie entdeckten damit
die kältesten Gebiete der Erde. Und was so erstaunlich war:
Sie trafen auf Menschen und Tiere, die dort lebten.
Den Pinguinen und Eisbären kann es zum Beispiel nicht
kalt genug sein. Aber besuchen können Pinguine und Eisbären
sich nur im Zoo. Denn die Eisbären leben nahe dem Nordpol
und die Pinguine rund um den Südpol. Die Pinguine müssten
um die halbe Welt wandern, wenn sie die Eisbären einmal
in der Natur treffen wollten.

Wer oder was sollte ganz im Norden zu Ende sein?

_____

Wessen Schiffe mussten immer wieder umkehren?

_____

Wen oder was erreichten vor 100 Jahren erste Abenteurer?

_____

Wen oder was entdeckten sie damit?

_____

Wem kann es nicht kalt genug sein?

_____

Wer oder was lebt nahe am Nordpol?

_____

Wer oder was müsste um die halbe Welt wandern?

_____

5. Jo-Jo-Seite

1 In dem Text stehen Verben in verschiedenen Zeitformen. Unterstreiche Verbformen in der Gegenwart blau, in der Vergangenheit grün, in der Zukunft rot.

Punkte
14

Der Traum vom Leben im Weltraum

Viele Jahrhunderte lang schien der Weltraum den Menschen unerreichbar fern. Aber 1961 war es so weit: Der russische Kosmonaut Juri Gagarin flog als erster Mensch ins All. 1969 verließ dann der Amerikaner Neil Armstrong die Mondfähre und betrat gemeinsam mit Edwin Aldrin den Mond. Heute arbeiten in der Raumfahrt Forscher vieler Nationen zusammen, wie beim Bau der internationalen Raumstation ISS. Sie entwerfen und konstruieren für die künftigen Forschungsteams auf der Station Instrumente für Experimente und Beobachtungen. Die ISS bietet in ihrem Innenraum so viel Platz wie ein 747-Jumbojet. Die Astronauten werden darin schlafen und arbeiten. In Zukunft werden Astronauten die Reisen ins All in Etappen durchführen. Mit einem Raumschiff werden sie zur ersten Raumstation fliegen, dann zur nächsten, bis zu ihrem Ziel. Möglicherweise werden irgendwann auch einmal Touristen für viel Geld eine Raumstation besuchen.

2 Schreibe für jede Berufsbezeichnung die weibliche Form in der Einzahl und Mehrzahl auf.

Punkte
14

der Pilot • der Arzt • der Koch • der Fahrer • der Lehrer • der Polizist • der Pfleger

zu den Sprachbuchkapiteln 4–6:
verschiedene Zeitformen des Verbs in einem Text kennzeichnen;
Einzahl- und Mehrzahlformen richtig bilden und schreiben

6. Jo-Jo-Seite

1 Bilde mit den Satzgliedern Sätze und schreibe sie auf.
Beginne jeden Satz mit einem Subjekt.

Punkte
7

Wandertag

die Klasse 4b   einen Ausflug   mit den Eltern   macht

den Bus   Tanias Vater   fährt

ihm   den Weg   zeigt   Herr Müller

John   einen schweren Rucksack   schleppt

Torsten   zeigt   seinen Fotoapparat   Luca

Sandro   Schokoriegel   verteilt

schenkt   Uli   seinen Riegel   Selim

_____

_____

_____

_____

_____

_____

2 Unterstreiche in deinen Sätzen Subjekte blau, Prädikate rot,
Ergänzungen im Wem-Fall hellgrün und im Wen-Fall dunkelgrün.

Punkte
25

3 Hier stehen vier Wortfamilien. Setze die fehlenden Buchstaben ein.

Punkte
12

K____lschrank   N____rung   W____nhaus   L____rerin

w____nlich   k____l   l____ren   n____rhaft

l____rreich   ern____ren   w____nen   k____ler

4 Unterstreiche jede Wortfamilie mit einer anderen Farbe.

Punkte
4

zu den Sprachbuchkapiteln 4–6:
verwürfelte Sätze ordnen und Satzglieder bestimmen;
Wörter mit Dehnungs-h nach Wortfamilien ordnen

77

7. Jo-Jo-Seite

1 Zeiche Trennstriche zwischen die Wörter.
Schreibe die Wörter nach Wortarten geordnet auf.

Nomen: _____

Verben: _____

Adjektive: _____

2 Ordne die Vergleichsstufen in die richtige Spalte ein.
Ergänze die fehlenden Formen.

faul   besser   lustig   viel   am stärksten

Grundstufe	1. Vergleichsstufe	2. Vergleichsstufe

3 Setze **Qu** oder **qu** ein.

er   al   atsch   etschen

aken   ark   ietschen   Kaul   appe

almen   ittung   artett

zu den Sprachbuchkapiteln 7–9:
Wörter nach Wortarten ordnen; Steigerungsstufen von Adjektiven
bilden; Groß- und Kleinschreibung bei Wörtern mit Qu/qu

8. Jo-Jo-Seite

1 Schreibe passende Redebegleitsätze.
Setze die Verben und Satzzeichen ein.

Punkte
14

sagen • fragen • ergänzen • schimpfen • erklären • fortfahren

4 x :   6 x „"   1 x ?   1 x !   2 x ,

Thomas und Annika überreden Pippi, in die Schule zu gehen.

 _____ Wenn du wüsstest, wie lustig es
in der Schule zugeht.

 _____ Man braucht nur
bis zwei Uhr dazubleiben. Das ist wirklich nicht lange.

 _____ Und dann erst die Ferien!
Man bekommt Weihnachtsferien und ganz lange Sommerferien.

 _____ Das ist ungerecht!

Was denn _____

Ihr bekommt Ferien und ich nicht. Das lasse ich

mir nicht gefallen _____

2 Kreuze die Wörter an, die zum Wortfeld **sagen** gehören.

Punkte
7

meinen	ändern	brüllen
überreden	sich beschweren	umräumen
stolpern	schreien	flüstern
pflanzen	maulen	kochen

zu den Sprachbuchkapiteln 7–9:
Zeichen der wörtlichen Rede bei voran- und nachgestelltem Begleitsatz
richtig einsetzen; Wörter aus dem Wortfeld „sagen" erkennen

79

9. Jo-Jo-Seite

1 Setze mit Hilfe der Wortbausteine Adjektive zusammen.

Punkte
16

-ig -lich -isch -bar -los

richt	brenn	regner	namen
nütz	gefähr	nebl	streit
sonn	unsicht	sorg	wolken
wolk	fantast	stürm	sonder

2 Ordne passende Adjektive aus Aufgabe 1 in die Tabelle ein.

Punkte
6

Die Wettervorhersage

	Montag	Dienstag	Mittwoch
tagsüber			
nachts			

3 Setze die kleinen Wörter passend in die Sätze ein.

Punkte
4

trotzdem • obwohl • dann • bis

Pia will mit ihrer Freundin in den Zoo, _____ es regnet.

_____ zum Zoo fährt Pias Mutter die beiden mit dem Auto.

_____ ziehen sie ihre Regenhosen und Regenjacken an

und gehen los. _____ sind sie bald pitschnass.

zu den Sprachbuchkapiteln 7–9:
Adjektive mit Wortbausteinen bilden; Adjektive zuordnen;
kleine rechtschreibschwierige Wörter benutzen

10. Jo-Jo-Seite

1 Bilde mit Hilfe der Wortbausteine **-ung**, **-heit** und **-keit** Nomen. Punkte 9
Schreibe die Nomen mit dem bestimmten Artikel auf.

tapfer • trennen • frech • steigen • krank • ernähren • ähnlich • klug • ehrlich

Nomen mit -ung	Nomen mit -heit	Nomen mit -keit

2 Welche Wortart bildet Nomen auf **-ung** und welche auf **-heit** oder **-keit**? Ergänze den Satz. Punkte 2

_____ bilden Nomen auf **-ung** und

_____ bilden Nomen auf **-heit** oder **-keit**.

3 Setze **ss** oder **β** richtig ein. Punkte 9

abschlie____en   das Schlo____   der Schlü____el

der Verschlu____   verschlo____en   schlie____lich

das Schlü____elloch   aufschlie____en   abgeschlo____en

4 Setze passende Wörter aus Aufgabe 3 ein. Ein Wort kommt zweimal vor. Punkte 6

Timo steht vor der Türe und sucht seinen _____. Er findet

ihn nicht. Die Türe ist _____. Er läuft um das Haus,

aber auch die Tür zum Garten ist _____.

_____ klingelt Timo bei der Nachbarin.

So ein Glück, sie hat einen _____.

Timo kann _____ und ist endlich zu Hause.

zu den Sprachbuchkapiteln 10–12:
Nomen mit Wortbausteinen von Adjektiven und Verben ableiten;
Wörter einer Wortfamilie mit ß/ss-Wechsel richtig schreiben

81

11. Jo-Jo-Seite

1 Unterstreiche in dem Text Ortsangaben (Wo?/Wohin?) gelb und Zeitangaben (Wann?) grün.

Punkte
12

Hauptübung bei der Feuerwehr

Heute hat die Feuerwehr ihre Hauptübung.
Die Mitglieder kennen ihre Pflichten. Alle sind
auf dem Hof angetreten. Die Übungsidee lautet:
Das Stroh in der Scheune des Bauern Jakob
hat sich entzündet. Jetzt ertönt das Alarmsignal.
Zuerst verlässt der Kommandant das Feuerwehrhaus.
Kurz darauf fährt der Mannschaftswagen hinaus.
Zuletzt rückt ein Fahrer mit der Drehleiter aus.
An der Straße stehen viele Zuschauer. Das Wasser
klatscht auf das Pflaster. Die Übung verläuft planmäßig.
Nach einer Stunde kehren alle zum Feuerwehrhaus zurück.

2 Ordne die Orts- und Zeitangaben in die Tabelle ein.

Punkte
12

Wann?	Wo?/ Wohin?

3 Setze die passenden Orts- und Zeitangaben in die Sätze ein.

Punkte
4

seit heute   In der Stadt   Am Nachmittag   auf der Festwiese

_____ ist _____ ein Zirkus zu Gast.

_____ kann jeder das Zelt _____ sehen.

zu den Sprachbuchkapiteln 10–12:
Orts- und Zeitangaben in einem Text bestimmen

12. Jo-Jo-Seite

1 Lies beide Texte. Kreuze an, was die wichtigste Absicht der Texte ist.

Punkte
1

_____   _____

_____   _____

Sykanya lebt in Thailand. Wenn sie morgens zur Schule kommt, wird sie schon mit Spannung erwartet. Wer hat schon ein Schultaxi mit vier Beinen, großen Ohren und einem Rüssel? Jampi heißt die Elefantenkuh, auf der das Mädchen zur Schule reitet. Das Tier ist fast drei Tonnen schwer und misst von Kopf bis Fuß drei Meter. Schon am Morgen mistet Sykanya den Stall aus. Nachmittags legt sie Ananasblätter bereit, von denen Jampi jeden Tag bis zu 250 Kilogramm frisst.

Da würde selbst Daniel Düsentrieb vor Neid erblassen: Mit zwei Spezialraketen auf dem Rücken hat der 32-jährige Dirk Auer einen neuen Geschwindigkeitsrekord im Inlineskaten aufgestellt. Sagenhafte 172,4 km/h schnell sauste er über den Asphalt. So manches Auto hätte da nicht mithalten können. Die Versuche des Extremsportlers kommen normalen Skatern zugute. Dirk Auer testet nämlich neue Materialien, aus denen Rollen und Bremsen für Inlineskates hergestellt werden sollen.

Sie wollen über die Schule in anderen Ländern informieren.

Sie wollen etwas Ausgedachtes erzählen.

Sie wollen über ein besonderes Taxi und einen besonderen Rekordversuch berichten.

2 Schreibe zu jedem Text eine passende Überschrift.

Punkte
2

Eine Schule in Thailand   Ein toller Sportler   Vierbeiniges Schultaxi

Schneller als ein Auto   Daniel Düsentrieb   Was ein Elefant frisst

3 Unterstreiche im Text die Antworten auf die Fragen.

Punkte
4

a) Was testet Dirk Auer bei seinem Geschwindigkeitsrekord?

b) Wie schwer und wie groß ist Sykanyas Schultaxi?

c) Wie viel und was frisst Jampi?

d) Wie hat Dirk Auer seinen Geschwindigkeitsrekord erreicht?

Das große Jo-Jo-Quiz

Ich – Du – Wir

Wo sind die Mathearbeitsblätter der 1. Klasse?
L bei Herrn Fink   **A** beim Zahlenfressser   **M** im Altpapier

Wer leitet die Werk-AG?
e Leon   **i** der Hausmeister   **l** Herr Fink

Herbst

Wie viel Futter braucht der Feldhamster als Wintervorrat?
k 20–30 kg   **n** keins, er schläft im Winter durch   **l** 2–4 kg

Wie überlebt ein Frosch im Winter?
f er frisst Mückenlarven   **e** er fällt in Winterstarre   **m** er kriecht in eine Höhle

Natur entdecken: Pflanzen

Was gehört nicht in den Wald?
a Infotafeln   **e** ein Ameisenhaufen   **n** Abfälle

Was wird durch ein Schloss geschützt?
n der Hochsitz   **v** die Vogelbrutkästen   **d** die Infotafeln

Winter

Wo ist der Lebensraum von Pinguinen?
o am Nordpol   **i** am Südpol   **s** in Grönland

Wer war mit seiner Mannschaft zuerst am Südpol?
c Robert Scott   **s** Neil Armstrong   **e** Roald Amundsen

Zeiten und Räume

Was erfand Heinrich Hartmann mit elf Jahren?
f eine Teerührmaschine   **l** eine Eierköpfmaschine   **h** eine Broteschmiermaschine

Was stellt ein Kunstschmied her?
S Kerzenleuchter   **G** Äxte   **F** Hufeisen

Das bin ich

Was hat Ina sich bei dem Fahrradunfall verletzt?
e den Arm   **c** den Kopf   **p** das Knie

Was bekommt Ina ersetzt?
r den Pullover   **a** die Hose   **h** die Armbanduhr

Natur entdecken: Tiere

Wie viele Entwicklungsstadien hat ein Frosch?

n eins   **t** vier   **β** sechs

Welcher Frosch kann besonders gut klettern?

i der Laubfrosch   **e** der Wasserfrosch   **a** der Grasfrosch

Frühling

Was gehört zum Fahrrad?

r eine Antenne   **f** ein Lenkrad   **n** eine Luftpumpe

Was braucht man beim Fahrrad fahren?

t Knieschoner   **d** einen Fahrradhelm   **g** eine Sonnenbrille

www.freizeit

Welches Medium hat über die Hälfte der Kinder?

e ein Handy   **n** einen Kassettenrekorder   **l** einen DVD-Player

Was ist genauso beliebt wie ein MP3-Player?

e ein Kassettenrekorder   **f** ein Radio   **n** eine Spielkonsole

Wie wir leben

Wer veranstaltet den Weltkindergipfel?

L die NASA   **F** die UNO   **B** die EU

Was haben Regierungen aus der ganzen Welt auf dem Kindergipfel anerkannt?

n Tierschutzabkommen   **a** Jugendschutzgesetz   **e** Kinderrechte

Sommer

Was führt im Sommer leicht zu Waldbränden?

d Waldameisen   **r** lange Trockenheit   **l** die Feuerwachtürme

Woher kommt nach der Legende die schwarze Farbe der Raben?

a von Schmutz   **e** von Farbe   **i** vom Feuer

Ich liebe Bücher

Wer hat das Buch „Die Wilden Hühner auf Klassenfahrt" geschrieben?

n Astrid Lindgren   **t** Joanne K. Rowling   **e** Cornelia Funke

Was finden die Wilden Hühner auf ihren Kopfkissen?

n Juckpulver   **e** Blumen   **t** einen Frosch

1 Schreibe die Lösungsbuchstaben auf. Sie ergeben einen Lösungssatz.

_____

Kontrollblätter zu den Jo-Jo-Seiten

1. Jo-Jo-Seite

1 Zu welcher Wortart gehören die unterstrichenen Wörter?
Trage ein: N für Nomen, V für Verb und A für Adjektiv.

Punkte **9**

„Der überaus starke Willibald" –
ein Kinderbuch von Willi Fährmann

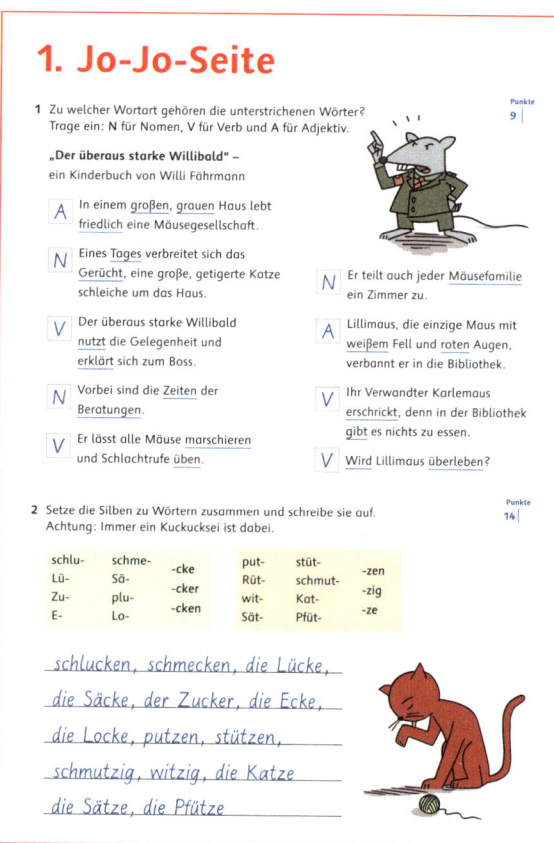

A In einem großen, grauen Haus lebt
friedlich eine Mäusegesellschaft.

N Eines Tages verbreitet sich das
Gerücht, eine große, getigerte Katze
schleiche um das Haus.

N Er teilt auch jeder Mäusefamilie
ein Zimmer zu.

V Der überaus starke Willibald
nutzt die Gelegenheit und
erklärt sich zum Boss.

A Lillimaus, die einzige Maus mit
weißem Fell und roten Augen,
verbannt er in die Bibliothek.

N Vorbei sind die Zeiten der
Beratungen.

V Ihr Verwandter Karlemaus
erschrickt, denn in der Bibliothek
gibt es nichts zu essen.

V Er lässt alle Mäuse marschieren
und Schlachtrufe üben.

V Wird Lillimaus überleben?

2 Setze die Silben zu Wörtern zusammen und schreibe sie auf.
Achtung: Immer ein Kuckucksei ist dabei.

Punkte **14**

schlu-	schme-	-cke	put-	stüt-	-zen
Lü-	Sä-	-cker	Rüt-	schmut-	-zig
Zu-	plu-	-cken	wit-	Kat-	-ze
E-	Lo-		Sät-	Pfüt-	

schlucken, schmecken, die Lücke,

die Säcke, der Zucker, die Ecke,

die Locke, putzen, stützen,

schmutzig, witzig, die Katze

die Sätze, die Pfütze

2. Jo-Jo-Seite

1 Probiere aus, welche Wortbausteine du mit den Verben
zusammensetzen kannst. Schreibe die neuen Verben auf.

Punkte **9**

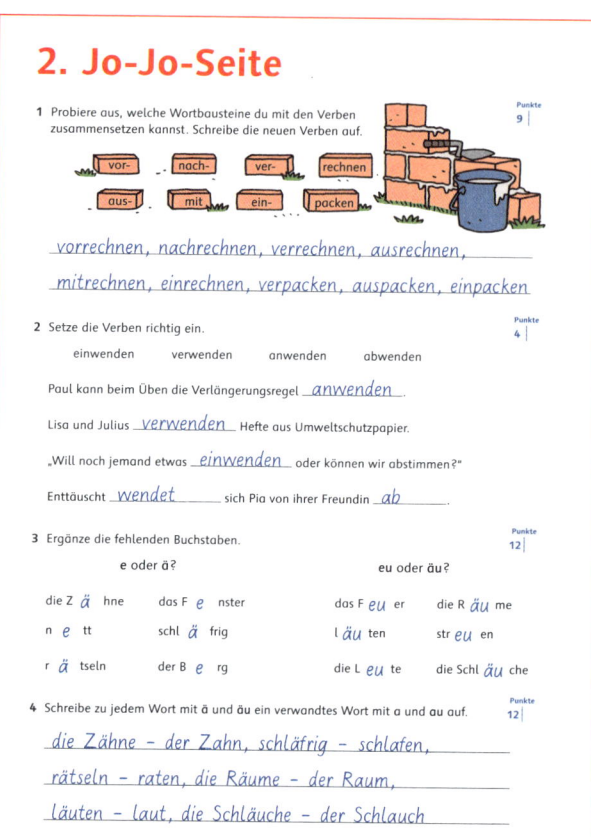

vorrechnen, nachrechnen, verrechnen, ausrechnen,

mitrechnen, einrechnen, verpacken, auspacken, einpacken

2 Setze die Verben richtig ein.

Punkte **4**

einwenden   verwenden   anwenden   abwenden

Paul kann beim Üben die Verlängerungsregel *anwenden* .

Lisa und Julius *verwenden* Hefte aus Umweltschutzpapier.

„Will noch jemand etwas *einwenden* oder können wir abstimmen?"

Enttäuscht *wendet* sich Pia von ihrer Freundin *ab* ."

3 Ergänze die fehlenden Buchstaben.

Punkte **12**

e oder ä? | eu oder äu?

die Z *ä* hne   das F *e* nster   das F *eu* er   die R *äu* me

n *e* tt   schl *ä* frig   l *äu* ten   str *eu* en

r *ä* tseln   der B *e* rg   die L *eu* te   die Schl *äu* che

4 Schreibe zu jedem Wort mit ä und äu ein verwandtes Wort mit a und au auf.

Punkte **12**

die Zähne – der Zahn, schläfrig – schlafen,

rätseln – raten, die Räume – der Raum,

läuten – laut, die Schläuche – der Schlauch

3. Jo-Jo-Seite

1 Unterstreiche in jedem Satz das Subjekt blau.

Punkte **12**

2 Unterstreiche das Prädikat rot.

Punkte **15**

Waldameisen

Ameisen zählen weltweit zu den häufigsten Tieren.
Viele Arten bilden hoch entwickelte Staaten.
Waldameisen stehen unter Naturschutz. Sie leben
in großen Ameisenhügeln aus Tannennadeln und
Zweigchen. Die Arbeiterinnen pflegen die Brut
und die Königin. Sie bauen und reparieren die Burg
und bewachen die Eingänge. Auf duftmarkierten Straßen
ziehen sie zur Nahrungssuche aus. Ihr Jagdgebiet erstreckt
sich bis in die Baumkronen. Sie vertilgen Schädlinge.
Förster schätzen die Ameisen und bezeichnen sie
als Polizei des Waldes. An manchen Sommertagen
drängen plötzlich geflügelte Königinnen und Männchen
aus dem Nest. Sie starten dann zum Hochzeitsflug.

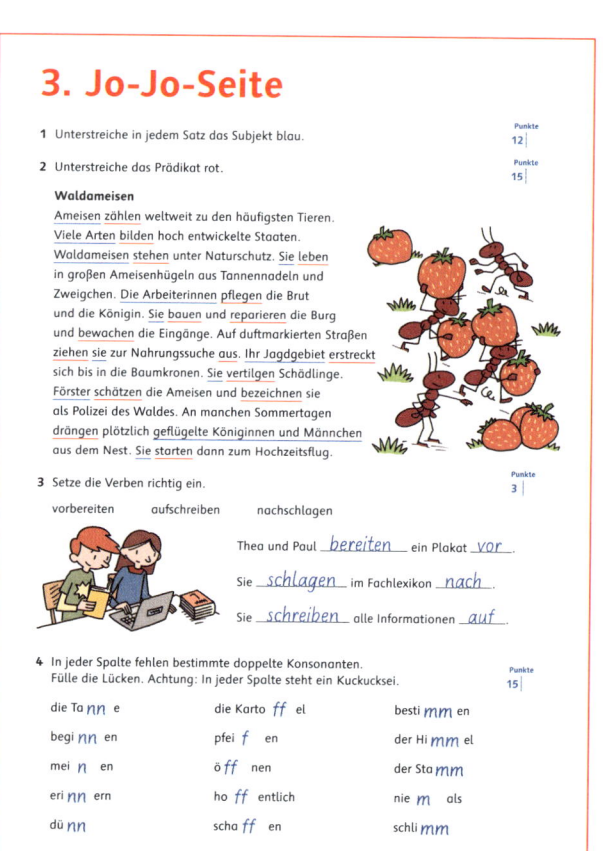

3 Setze die Verben richtig ein.

Punkte **3**

vorbereiten   aufschreiben   nachschlagen

Thea und Paul *bereiten* ein Plakat *vor* .

Sie *schlagen* im Fachlexikon *nach* .

Sie *schreiben* alle Informationen *auf* .

4 In jeder Spalte fehlen bestimmte doppelte Konsonanten.
Fülle die Lücken. Achtung: In jeder Spalte steht ein Kuckucksei.

Punkte **15**

die Ta *nn* e	die Karto *ff* el	besti *mm* en
begi *nn* en	pfei *f* en	der Hi *mm* el
mei *n* en	ö *ff* nen	der Sta *mm*
eri *nn* ern	ho *ff* entlich	nie *m* als
dü *nn*	scha *ff* en	schli *mm*

4. Jo-Jo-Seite

1 Schreibe als Antwort auf die Fragen nur die Nomen mit Artikel auf.

Punkte **7**

Forschen im ewigen Eis

Lange vermuteten die Menschen, dass ganz im Norden der Erde
die Welt zu Ende wäre. Die Schiffe der Seeleute mussten
immer wieder umkehren. Sie drohten im Eis stecken zu bleiben.
Erst vor etwa 100 Jahren erreichten die ersten Abenteurer
den Nordpol und den Südpol. Sie entdeckten damit
die kältesten Gebiete der Erde. Und was so erstaunlich war:
Sie trafen auf Menschen und Tiere, die dort lebten.
Den Pinguinen und Eisbären kann es zum Beispiel nicht
kalt genug sein. Aber besuchen können Pinguine und Eisbären
sich nur im Zoo. Denn die Eisbären leben nahe dem Nordpol
und die Pinguine rund um den Südpol. Die Pinguine müssten
um die halbe Welt wandern, wenn sie die Eisbären einmal
in der Natur treffen wollten.

Wer oder was sollte ganz im Norden zu Ende sein?

die Welt

Wessen Schiffe mussten immer wieder umkehren?

der Seeleute

Wen oder was erreichten vor 100 Jahren erste Abenteurer?

den Nordpol und den Südpol

Wen oder was entdeckten sie damit?

die kältesten Gebiete der Erde

Wem kann es nicht kalt genug sein?

den Pinguinen und den Eisbären

Wer oder was lebt nahe am Nordpol?

die Eisbären

Wer oder was müsste um die halbe Welt wandern?

die Pinguine

Kontrollblätter zu den Jo-Jo-Seiten

5. Jo-Jo-Seite

1 In dem Text stehen Verben in verschiedenen Zeitformen.
Unterstreiche Verbformen in der Gegenwart blau,
in der Vergangenheit grün, in der Zukunft rot.

Punkte 14

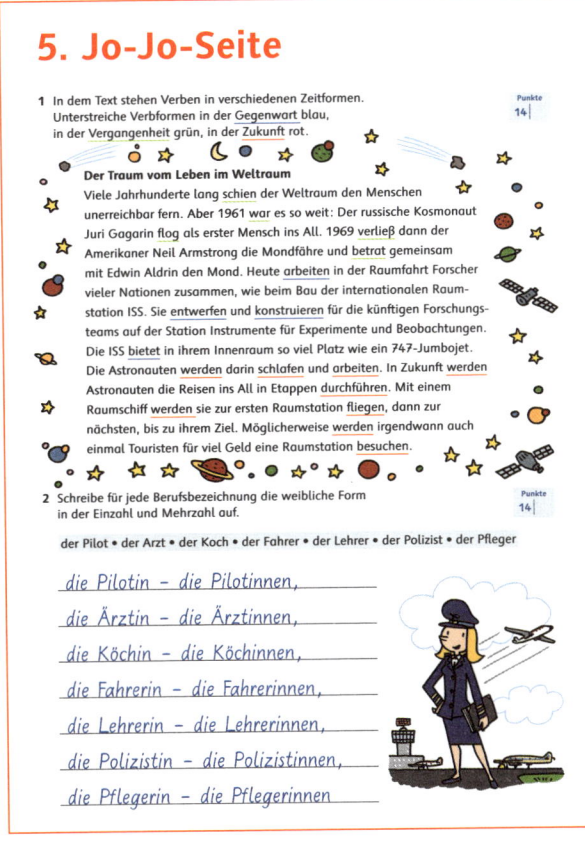

Der Traum vom Leben im Weltraum

Viele Jahrhunderte lang schien der Weltraum den Menschen
unerreichbar fern. Aber 1961 war es so weit: Der russische Kosmonaut
Juri Gagarin flog als erster Mensch ins All. 1969 verließ dann der
Amerikaner Neil Armstrong die Mondfähre und betrat gemeinsam
mit Edwin Aldrin den Mond. Heute arbeiten in der Raumfahrt Forscher
vieler Nationen zusammen, wie beim Bau der internationalen Raumstation ISS. Sie entwerfen und konstruieren für die künftigen Forschungsteams auf der Station Instrumente für Experimente und Beobachtungen.
Die ISS bietet in ihrem Innenraum so viel Platz wie ein 747-Jumbojet.
Die Astronauten werden darin schlafen und arbeiten. In Zukunft werden
Astronauten die Reisen ins All in Etappen durchführen. Mit einem
Raumschiff werden sie zur ersten Raumstation fliegen, dann zur
nächsten, bis zu ihrem Ziel. Möglicherweise werden irgendwann auch
einmal Touristen für viel Geld eine Raumstation besuchen.

2 Schreibe für jede Berufsbezeichnung die weibliche Form
in der Einzahl und Mehrzahl auf.

Punkte 14

der Pilot • der Arzt • der Koch • der Fahrer • der Lehrer • der Polizist • der Pfleger

die Pilotin – die Pilotinnen,
die Ärztin – die Ärztinnen,
die Köchin – die Köchinnen,
die Fahrerin – die Fahrerinnen,
die Lehrerin – die Lehrerinnen,
die Polizistin – die Polizistinnen,
die Pflegerin – die Pflegerinnen

6. Jo-Jo-Seite

1 Bilde mit den Satzgliedern Sätze und schreibe sie auf.
Beginne jeden Satz mit einem Subjekt.

Punkte 7

Wandertag

die Klasse 4b   einen Ausflug   mit den Eltern   macht
den Bus   Tanias Vater   fährt
ihm   den Weg   zeigt   Herr Müller
John   einen schweren Rucksack   schleppt
Torsten   zeigt   seinen Fotoapparat   Luca
Sandro   Schokoriegel   verteilt
schenkt   Uli   seinen Riegel   Selim

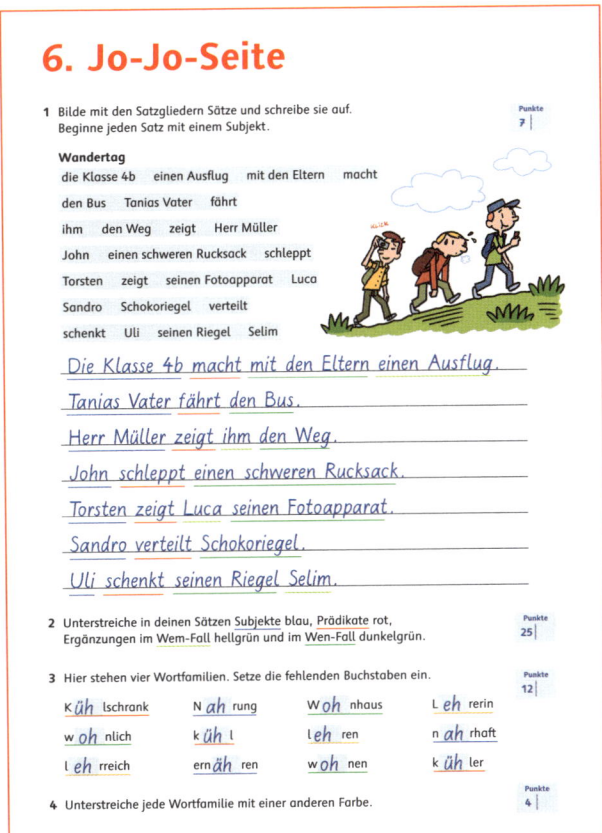

Die Klasse 4b macht mit den Eltern einen Ausflug.
Tanias Vater fährt den Bus.
Herr Müller zeigt ihm den Weg.
John schleppt einen schweren Rucksack.
Torsten zeigt Luca seinen Fotoapparat.
Sandro verteilt Schokoriegel.
Uli schenkt seinen Riegel Selim.

2 Unterstreiche in deinen Sätzen Subjekte blau, Prädikate rot,
Ergänzungen im Wem-Fall hellgrün und im Wen-Fall dunkelgrün.

Punkte 25

3 Hier stehen vier Wortfamilien. Setze die fehlenden Buchstaben ein.

Punkte 12

K üh lschrank   N ah rung   W oh nhaus   L eh rerin
w oh nlich   k üh l   l eh ren   n ah rhaft
l eh rreich   ern äh ren   w oh nen   k üh ler

4 Unterstreiche jede Wortfamilie mit einer anderen Farbe.

Punkte 4

7. Jo-Jo-Seite

1 Zeiche Trennstriche zwischen die Wörter.
Schreibe die Wörter nach Wortarten geordnet auf.

Punkte 10

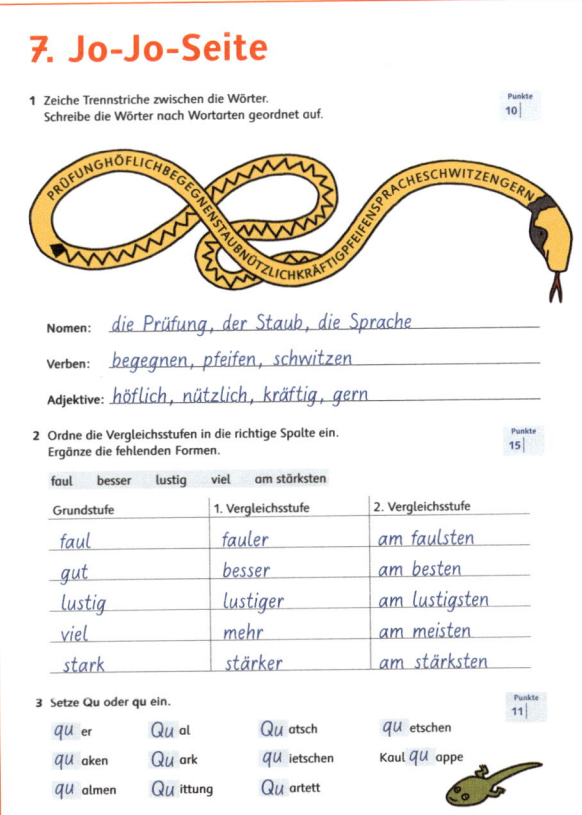

PRÜFUNGHÖFLICHBEGEGNENSTAUBNÜTZLICHKRÄFTIGPFEIFENSPRACHESCHWITZENGERN

Nomen: die Prüfung, der Staub, die Sprache
Verben: begegnen, pfeifen, schwitzen
Adjektive: höflich, nützlich, kräftig, gern

2 Ordne die Vergleichsstufen in die richtige Spalte ein.
Ergänze die fehlenden Formen.

Punkte 15

faul   besser   lustig   viel   am stärksten

Grundstufe	1. Vergleichsstufe	2. Vergleichsstufe
faul	fauler	am faulsten
gut	besser	am besten
lustig	lustiger	am lustigsten
viel	mehr	am meisten
stark	stärker	am stärksten

3 Setze Qu oder qu ein.

Punkte 11

qu er   Qu al   Qu atsch   qu etschen
qu aken   Qu ark   qu ietschen   Kaul qu appe
qu almen   Qu ittung   Qu artett

8. Jo-Jo-Seite

1 Schreibe passende Redebegleitsätze.
Setze die Verben und Satzzeichen ein.

Punkte 14

sagen • fragen • ergänzen • schimpfen • erklären • fortfahren

4 x :   6 x „"   1 x ?   1 x !   2 x ,

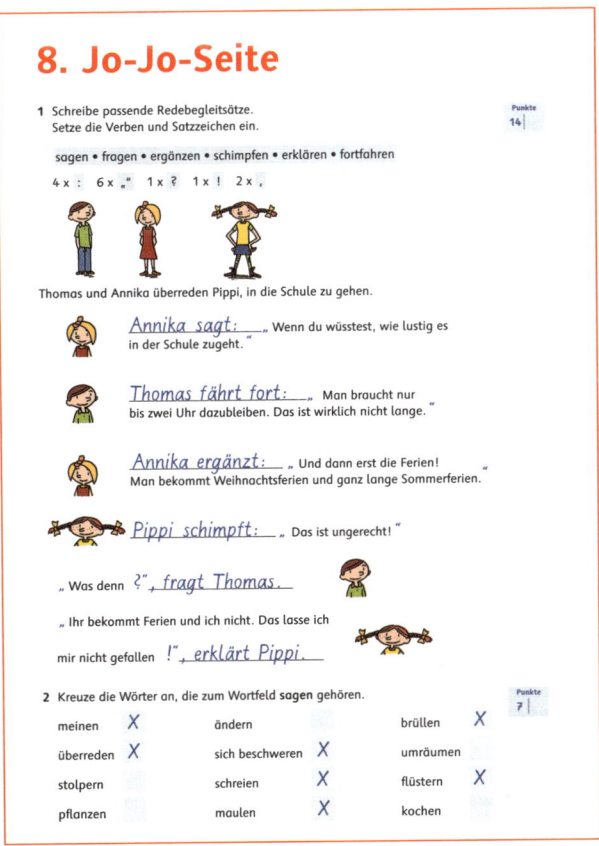

Thomas und Annika überreden Pippi, in die Schule zu gehen.

Annika sagt: „ Wenn du wüsstest, wie lustig es
in der Schule zugeht. "

Thomas fährt fort: „ Man braucht nur
bis zwei Uhr dazubleiben. Das ist wirklich nicht lange. "

Annika ergänzt: „ Und dann erst die Ferien!
Man bekommt Weihnachtsferien und ganz lange Sommerferien.

Pippi schimpft: „ Das ist ungerecht! "

„ Was denn ?", fragt Thomas.

„ Ihr bekommt Ferien und ich nicht. Das lasse ich
mir nicht gefallen !", erklärt Pippi.

2 Kreuze die Wörter an, die zum Wortfeld sagen gehören.

Punkte 7

meinen X	ändern	brüllen X
überreden X	sich beschweren X	umräumen
stolpern	schreien X	flüstern X
pflanzen	maulen X	kochen

Kontrollblätter zu den Jo-Jo-Seiten

9. Jo-Jo-Seite

1 Setze mit Hilfe der Wortbausteine Adjektive zusammen. **Punkte 16**

-ig -lich -isch -bar -los

richt*ig*   brenn*bar*   regner*isch*   namen*los*
nütz*lich*   gefähr*lich*   nebl*ig*   streit*bar*
sonn*ig*   unsicht*bar*   sorg*los*   wolken*los*
wolk*ig*   fantast*isch*   stürm*isch*   sonder*bar*

2 Ordne passende Adjektive aus Aufgabe 1 in die Tabelle ein. **Punkte 6**

Die Wettervorhersage

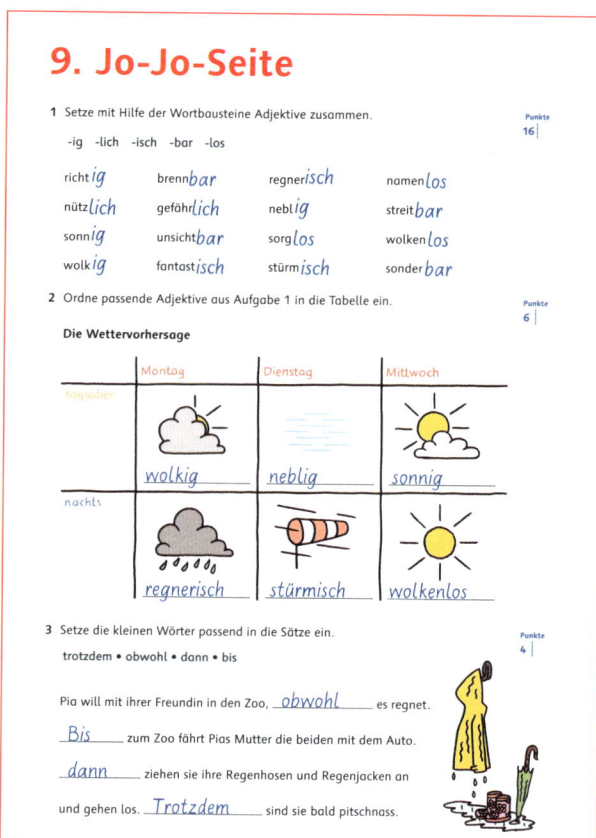

	Montag	Dienstag	Mittwoch
tagsüber	*wolkig*	*neblig*	*sonnig*
nachts	*regnerisch*	*stürmisch*	*wolkenlos*

3 Setze die kleinen Wörter passend in die Sätze ein. **Punkte 4**

trotzdem • obwohl • dann • bis

Pia will mit ihrer Freundin in den Zoo, *obwohl* es regnet.

Bis zum Zoo fährt Pias Mutter die beiden mit dem Auto.

dann ziehen sie ihre Regenhosen und Regenjacken an

und gehen los. *Trotzdem* sind sie bald pitschnass.

10. Jo-Jo-Seite

1 Bilde mit Hilfe der Wortbausteine -ung, -heit und -keit Nomen. Schreibe die Nomen mit dem bestimmten Artikel auf. **Punkte 9**

tapfer • trennen • frech • steigen • krank • ernähren • ähnlich • klug • ehrlich

Nomen mit -ung	Nomen mit -heit	Nomen mit -keit
die Trennung	*die Frechheit*	*die Tapferkeit*
die Steigung	*die Krankheit*	*die Ähnlichkeit*
die Ernährung	*die Klugheit*	*die Ehrlichkeit*

2 Welche Wortart bildet Nomen auf -ung und welche auf -heit oder -keit? Ergänze den Satz. **Punkte 2**

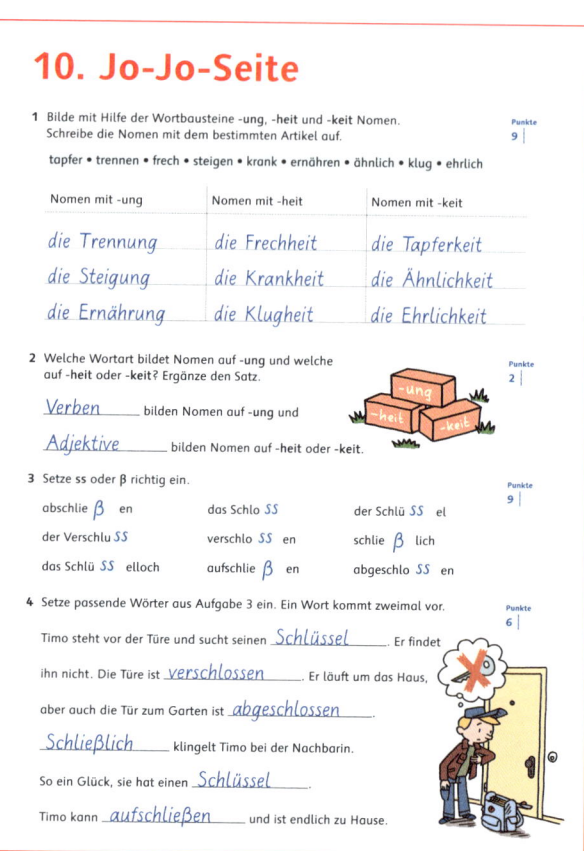

Verben bilden Nomen auf -ung und

Adjektive bilden Nomen auf -heit oder -keit.

3 Setze ss oder ß richtig ein. **Punkte 9**

abschlie*ß*en   das Schlo*ss*   der Schlü*ss*el
der Verschlu*ss*   verschlo*ss*en   schlie*ß*lich
das Schlü*ss*elloch aufschlie*ß*en   abgeschlo*ss*en

4 Setze passende Wörter aus Aufgabe 3 ein. Ein Wort kommt zweimal vor. **Punkte 6**

Timo steht vor der Türe und sucht seinen *Schlüssel*. Er findet

ihn nicht. Die Türe ist *verschlossen*. Er läuft um das Haus,

aber auch die Tür zum Garten ist *abgeschlossen*.

Schließlich klingelt Timo bei der Nachbarin.

So ein Glück, sie hat einen *Schlüssel*.

Timo kann *aufschließen* und ist endlich zu Hause.

11. Jo-Jo-Seite

1 Unterstreiche in dem Text Ortsangaben (Wo?/Wohin?) gelb und Zeitangaben (Wann?) grün. **Punkte 12**

Hauptübung bei der Feuerwehr
Heute hat die Feuerwehr ihre Hauptübung. Die Mitglieder kennen ihre Pflichten. Alle sind auf dem Hof angetreten. Die Übungsidee lautet: Das Stroh in der Scheune des Bauern Jakob hat sich entzündet. Jetzt ertönt das Alarmsignal. Zuerst verlässt der Kommandant das Feuerwehrhaus. Kurz darauf fährt der Mannschaftswagen hinaus. Zuletzt rückt ein Fahrer mit der Drehleiter aus. An der Straße stehen viele Zuschauer. Das Wasser klatscht auf das Pflaster. Die Übung verläuft planmäßig. Nach einer Stunde kehren alle zum Feuerwehrhaus zurück.

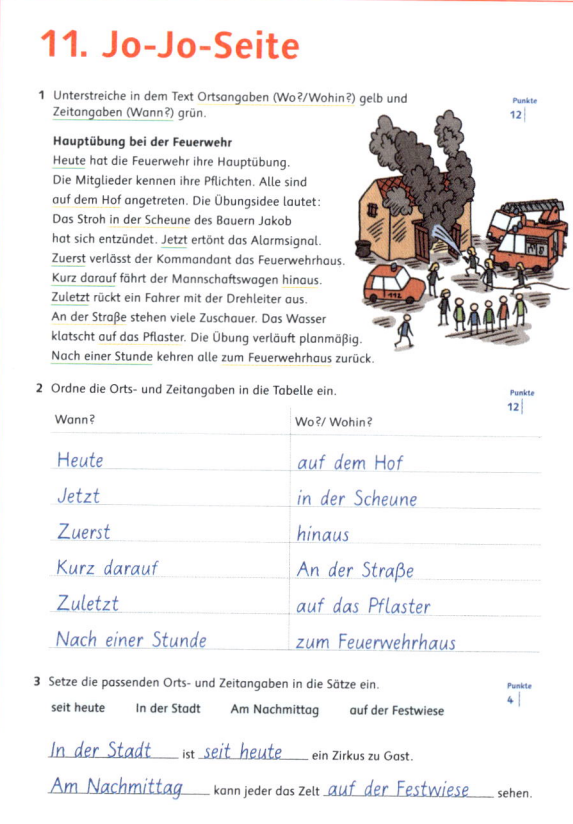

2 Ordne die Orts- und Zeitangaben in die Tabelle ein. **Punkte 12**

Wann?	Wo?/ Wohin?
Heute	*auf dem Hof*
Jetzt	*in der Scheune*
Zuerst	*hinaus*
Kurz darauf	*An der Straße*
Zuletzt	*auf das Pflaster*
Nach einer Stunde	*zum Feuerwehrhaus*

3 Setze die passenden Orts- und Zeitangaben in die Sätze ein. **Punkte 4**

seit heute   In der Stadt   Am Nachmittag   auf der Festwiese

In der Stadt ist *seit heute* ein Zirkus zu Gast.

Am Nachmittag kann jeder das Zelt *auf der Festwiese* sehen.

12. Jo-Jo-Seite

1 Lies beide Texte. Kreuze an, was die wichtigste Absicht der Texte ist. **Punkte 1**

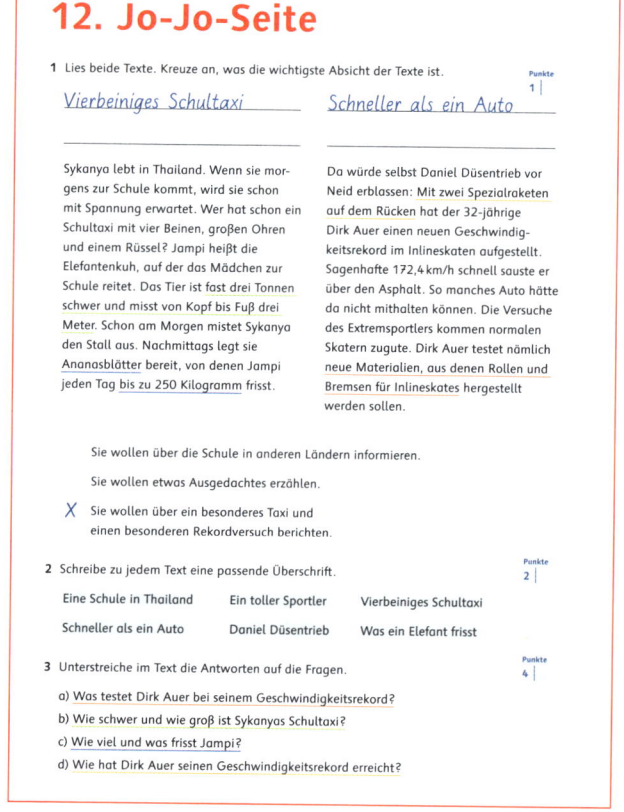

Vierbeiniges Schultaxi   *Schneller als ein Auto*

Sykanya lebt in Thailand. Wenn sie morgens zur Schule kommt, wird sie schon mit Spannung erwartet. Wer hat schon ein Schultaxi mit vier Beinen, großen Ohren und einem Rüssel? Jampi heißt die Elefantenkuh, auf der das Mädchen zur Schule reitet. Das Tier ist fast drei Tonnen schwer und misst von Kopf bis Fuß drei Meter. Schon am Morgen mistet Sykanya den Stall aus. Nachmittags legt sie Ananasblätter bereit, von denen Jampi jeden Tag bis zu 250 Kilogramm frisst.

Da würde selbst Daniel Düsentrieb vor Neid erblassen: Mit zwei Spezialraketen auf dem Rücken hat der 32-jährige Dirk Auer einen neuen Geschwindigkeitsrekord im Inlineskaten aufgestellt. Sagenhafte 172,4 km/h schnell sauste er über den Asphalt. So manches Auto hätte da nicht mithalten können. Die Versuche des Extremsportlers kommen normalen Skatern zugute. Dirk Auer testet nämlich neue Materialien, aus denen Rollen und Bremsen für Inlineskates hergestellt werden sollen.

☐ Sie wollen über die Schule in anderen Ländern informieren.

☐ Sie wollen etwas Ausgedachtes erzählen.

☒ Sie wollen über ein besonderes Taxi und einen besonderen Rekordversuch berichten.

2 Schreibe zu jedem Text eine passende Überschrift. **Punkte 2**

Eine Schule in Thailand   Ein toller Sportler   Vierbeiniges Schultaxi
Schneller als ein Auto   Daniel Düsentrieb   Was ein Elefant frisst

3 Unterstreiche im Text die Antworten auf die Fragen. **Punkte 4**

a) Was testet Dirk Auer bei seinem Geschwindigkeitsrekord?
b) Wie schwer und wie groß ist Sykanyas Schultaxi?
c) Wie viel und was frisst Jampi?
d) Wie hat Dirk Auer seinen Geschwindigkeitsrekord erreicht?